불보다 생명보다 귀한 선물

불보다 생명보다 귀한 선물

글 장수하늘소 | 그림 강은경

아이세움
i-seum

우리는 똑같은 인간이에요

여러분은 혹시 텔레비전 뉴스나 신문에서, 우리 나라에 일하러 온 외국인 노동자들이 팻말을 들고 시위하는 모습을 본 적이 있나요?

"우리도 인간입니다. 인간답게 대우해 주세요."

이분들이 왜 낯선 나라에 와서 시위까지 하나, 이상하게 생각하는 친구들이 있을 거예요. 텔레비전 뉴스나 신문에서 이분들의 사연을 자세히 알려주지 않으니 더욱 궁금할 거고요. 그러나 우리가 눈을 조금 더 넓혀 이분들의 상황에 관심을 갖는다면 궁금증이 풀릴 거예요.

외국인 노동자들이 이야기하는 외국인 노동자의 문제는 이렇답니다. 많은 외국인 노동자들이 공장 주인이나 사업주로부터 임금을 제대로 받지 못하거나 일을 하다가 사고를 당해도 보상을 받지 못하는 일들이 자주 벌어지고 있어요. 심지어

가난한 나라에서 온 외국인 노동자라는 이유만으로 거리낌없이 욕을 먹고 맞기까지 하거든요. 정말정말 부끄러운 일이지만, 우리 나라에서 이런 참혹한 일이 벌어지고 있다는 것을 여러분은 알아야 해요. 아는 사람만이 새롭게 행동할 수 있는 법이니까요.

  세계적으로 유명한 인권 단체인 국제 사면 위원회(앰네스티, Amnesty International)가 만들어진 것도 바로 실천하는 행동에서 출발했답니다. 영국의 변호사인 피터 베넨슨은 한 신문에 포르투갈의 학생들이 자유를 위하여 건배를 했다는 이유만으로 무려 7년 동안이나 감옥살이를 하게 되었다는 기사를 읽고 큰 충격을 받았어요. 피터는 인권의 소중함을 깨닫고, 이런 사람들을 돕기 위해 사람들에게 도움을 줄 것을 호소했지요. 그래서 마침내 세계 모든 사람들의 인권을 지키기 위한 국제 사면 위원회가 세워질 수 있었던 거예요.

　우리 주변에서도 인간의 권리를 제대로 보장받지 못하고 억울하게 희생을 당하는 경우를 흔히 볼 수 있답니다. 앞서 말한 외국인 노동자의 일도 그렇지만, 가깝게는 교실에서 이유 없이 같은 반 친구에게 시달리는 '왕따' 문제가 계속되고 있어요. 신문에 어떤 친구가 같은 반 아이의 도시락에 재미삼아 벌레를 넣어 그 친구가 기겁하는 걸 보고 즐거워했다는 기사가 실린 적도 있었고, 초등학교 6학년 어린이가 친구들의 괴롭힘을 피하기 위해 사설 경호원과 함께 등교한다는 웃지 못할 일화도 있었습니다.

　그렇습니다. 이처럼 인권의 문제는 생각보다 여러분의 생활 곳곳에 가깝게 자리잡고 있답니다. 나의 권리를 중요히 여기듯 남의 권리를 존중해 준다면 이러한 문제가 일어날까요?

　우리는 혼자서 살아가는 존재가 아니라 항상 누군가와 함께 살아가는 존재입니다. 우리 모두가 행복하게 살아가기 위해서는 내 곁에 있는 누군가가 인권을 침해받거나 때로는 여러분 자신이 피해를 당하는 일이 결코 일어나서는 안 되지요. 그리고 자신에게 옳지 못한 일들이 가해지면 과감하게 "안 돼!" 또는 "안 돼요!" 하고 외칠 수 있는 용기도 필요합니다. 이는 곧 인권이 지켜지기 위해서는 남에 대한 배려와 이해, 지혜와 용기를 길러야 한다는 말이지요.

인권은 "모든 사람은 태어날 때부터 자유롭고, 존엄성과 권리에 있어서 평등하다."는 정신에서 출발합니다. 우리 모두가 인권을 소중히 여긴다면 억울하게 피해를 당하는 일도, 또 무심코 남에게 피해를 주는 일도 없어지겠지요.

우리는 인간으로 태어난 그 자체로 소중한 존재예요. 그 누구도 나의 권리를 억눌러서는 안 되고, 또 남의 권리를 빼앗아서도 안 됩니다. 우리는 모두 하늘 아래 똑같은 가치를 지닌, 그리고 똑같은 모습과 똑같은 생명을 지닌 인간이거든요.

2002년 여름

장수하늘소

차 례

우리는 똑같은 인간이에요 4

불보다 생명보다 귀한 선물   11
사람 잡아먹는 야수가 나타났어요!   17
잊혀진 수인들이 있습니다   23
자기 손으로 권리를 일군 농민들   29
법은 한 사람을 위한 것이 아닙니다   35
노예도 인간입니다   41
나는 고발한다, 거짓된 양심을   47
앉은뱅이가 된 독립 투사   53
도청 때문에 쫓겨난 대통령   59
교황에 맞선 양초장이   65
나의 종교를 믿게 해 주세요   71
폭력에 시들어 버린 백장미   77
내 권리는 기병대도 못 막아   83
내게 투표할 권리를 주세요   89

남자냐 여자냐, 그것이 문제로다	95
아빠가 병들면 쓸 지게예요	101
나에게는 꿈이 있습니다	107
사랑을 짊어진 붉은 십자가	113
죽음의 재와 맞서 싸운 카렌 실크우드	119
5월은 푸르구나, 우리들 세상	125
때묻지 않은 어린이의 집	131
유치원이 생기게 된 사연	137
기적의 사람, 헬렌 켈러	143
나라로부터 버림받은 검은 아이들	149
어린이의 눈을 지킨 마법의 캡슐	155
어린이 노동 운동가, 이크발	161
전쟁터에서 죽어 간 어린 병사들	167
엄마 아빠, 구해 주세요	173
말괄량이가 사랑스러워요!	179
동화 속에 숨은 슬픈 사연	185

 인권이 뭐예요?

불보다 생명보다 귀한 선물

그리스 신화를 보면, 아주 오랜 옛날에 살았던 티탄 족이라는 거인신들의 이야기가 나옵니다. 그 거인신들 중에 '프로메테우스(그리스 어로 먼저 생각하는 사람이라는 뜻)'라는 신이 있었죠. 프로메테우스에게 그런 이름이 붙여진 것은 그가 미래를 내다볼 수 있었기 때문입니다.

프로메테우스는 신이었지만 같은 신보다는 사람과 어울리는 것을 더 좋아했습니다. 어느 날 한 사람이 프로메테우스에게 왜 같은 신을 멀리하느냐고 묻자, 그는 이렇게 말했습니다.

"나는 신들을 싫어합니다. 왜냐 하면 그들은 나와 당신의 차이가, 신과 인간이라는 것밖에 없다는 점을 인정하지 않기 때문이죠. 인간이 열등하다고 생각하면서도 인간이 용기와 지혜를 가지는 것을 두려워합니다. 그래서 신들은 인간 앞에서 많은 것을 감추고 숨기려 든답니다."

프로메테우스의 이러한 생각은 당연히 신들의 미움을 샀습니다. 또, 그는 최고 신인 제우스가 다른 동물에게 날카로운 이나 발톱 같은 무기를 주면서도 인간에게는 아무것도 주지 않자, 신들의 보물인 불을 훔쳐다 주기도 했습니다.

'불이 있으면 추위를 견디고 다른 동물들의 위협으로부터도 벗어날 수 있으니까, 인간들이 잘 살 수 있을 거야.'

하지만 이것은 신들이 볼 때 범죄 행위였지요. 아니나다를까 얼마 뒤, 프로메테우스는 제우스에게 불려 갔습니다.

"너는 어째서 나의 뜻을 거역하고 인간의 편에 섰느냐!"

제우스가 꾸짖었지만 프로메테우스는 당당하게 대답했습니다.

"저는 인간이 당연히 받아야 할 권리를 주기 위해 제 의무를 다했을 뿐입니다. 그들 역시 삶을 살아가는 데 필요한 무엇인가를 받아야 했으니까요. 제게 잘못이 있다면 제우스님이 하셔야 할 일을 제가 했다는 것뿐입니다."

제우스는 프로메테우스가 당당하게 나오자 그에게 짐짓 부드럽게 말을 걸었습니다. 사실 제우스는 프로메테우스가 가진 능력으로 자신의 미래를 알고 싶어했거든요.

"프로메테우스야, 만약 네가 내 미래를 알려 준다면 너의 죄를 용서해 주겠노라."

제우스의 말에 프로메테우스는 단호한 어조로 대답했습니다.

"제가 인간에게 불을 가져다 준 것은 저의 자유 의지에 따른 것입니다. 제우스님에게 미래를 알려 드리지 않는 것도 마찬가지입

니다. 제겐 그럴 의무가 없으며 그럴 필요성도 느끼지 못합니다."

프로메테우스의 대답에 화가 난 제우스는 프로메테우스에게 벌을 내렸습니다. 그것은 코카서스 산의 바위에 쇠사슬로 묶여, 날마다 독수리에게 간을 쪼여 먹히는 벌이었죠. 혹독한 벌을 당하면서도 프로메테우스는 자신의 뜻을 굽히지 않았고, 옳은 일을 했다는 생각에 기뻐했습니다.

프로메테우스의 신념에 관한 이 이야기는 훗날 많은 사람들로 하여금, 자신의 권리를 지키고 유지하는 것이 왜 중요한지 깨닫게 해 줍니다. 자신의 신념과 의지를 실천하는 용기야말로 불보다 생명보다 귀한 선물이지요.

 ### 해야 할 일과 하지 말아야 할 일이 있어요

프로메테우스의 용기 있는 행동은 우리에게 해야 할 일과 하지 말아야 일이 무엇인지 알려 줍니다. 우리가 해야 할 일은 나 스스로를 존중하듯 남 또한 존중해야 한다는 것입니다. 우리가 하지 말아야 할 일은 나 자신의 이익을 위해 남에게 피해를 주거나 억지로 자신의 뜻을 강요하지 않는 것입니다. 왜냐 하면 내가 남을 존중해야 남도 나를 존중해 주고, 또 내가 존중받는 것만큼 남도 존중받을 자격이 있기 때문입니다. 프로메테우스는 자신의 신분이 신이었으면서도 자신의 의지에 따라 인간의 편에 섰습니다. 그리고 제우스의 탄압을 받으면서도 자신이 옳다고 믿는 생각과 행동을 꺾지 않았습니다. 자신의 뜻과 상관 없이 강요에 의해 행동해야 한다면 그보다 잘못된 일이 또 어디 있을까요?

# 인권이란 무엇인가요?

인권을 풀어서 쓰면 '인간의 권리'가 되겠지요. 그럼 인간의 권리란 또 무엇일까요? '세계 인권 선언문'을 통해서 살펴보면 아주 쉽게 그 뜻을 알 수 있답니다. 국제 연합에서 1948년 12월 10일 선포한 세계 인권 선언 제1조를 보면, "모든 사람은 태어날 때부터 자유롭고, 존엄성과 권리에 있어서 평등하다. 사람은 태어날 때부터 이성과 양심을 부여받았으며, 서로 형제애의 정신으로 대해야 한다."고 되어 있답니다. 인간이 지니는 보편적인 가치에 따라 자유롭게 행동할 권리를 가지고, 다른 사람의 권리 또한 존중해 주는 것. 그것이 바로 '인권'입니다.

인권을 향한 첫 외침, 세계 인권 선언

　20세기에 접어들면서 인류는 커다란 전쟁을 두 차례 치르게 됩니다. 전세계를 고통과 절망에 빠뜨렸던 제1차 세계 대전, 제2차 세계 대전이 바로 그것입니다. 이 두 번의 전쟁 때문에 수많은 사람들이 죽고 다쳤지요. 특히 제2차 세계 대전 때, 무려 600만여 명이 죽어 간 독일 나치의 유태인 대학살은 인권의 문제가 인류 전체의 문제라는 것을 절감하게 하는 계기가 되었답니다.

　이에 사람들은 인권과 기본적 자유의 존중을 목적으로 하는 국제 연합을 창설하고, 세계 인권 선언문을 제정하기에 이르렀습니다. 이 선언문에는 모든 국가와 사회, 개인이 인간의 권리와 자유를 존중하기 위해 노력하도록 공통의 기준으로 제정한 가치 기준이 담겨 있습니다.

　그리고 1948년 12월 10일, 제3차 국제 연합 총회에서는 '세계 인권 선언'을 선포하고 이 날을 세계 인권의 날로 정했답니다. 우리 나라에서도 해마다 12월 10일에 법무부 주관으로 인권을 기리는 각종 기념 행사를 열고 있지요.

 **인권 사상이 등장했어요**

사람 잡아먹는 야수가 나타났어요!

18세기 말, 프랑스 남부의 산골 제보당 지방에 기괴한 일이 일어났습니다. 그 일로 마을은 삽시간에 공포와 불안으로 가득 찼고, 불길한 소문이 세상 곳곳으로 빠르게 퍼져 나갔습니다.

"자네 그 소문 들었나. 제보당에 야수가 나타났다며?"

"그래, 벌써 수십 명이나 되는 사람들이 죽었대."

"도대체 그 괴물의 정체가 뭘까?"

"글쎄, 늑대인데 보통 늑대보다는 엄청 큰가 봐."

야수의 출몰은 프랑스 전역에 단연 최고의 화젯거리였습니다. 사람들은 만나기만 하면 또 다른 소식이 없는지 궁금해했습니다.

당시 프랑스는 루이 15세가 어린 나이에 왕위에 오르면서 왕권이 흔들리던 때였습니다. 특권 귀족들이 부정과 비리를 저지르며 활개를 쳤고, 이에 반발하는 많은 시민들이 "모든 인간은 자유롭고 평등하다."는 계몽 사상을 받아들여 나라 전체가 들썩였지요. 그런데 사람 잡아먹는 야수가 나타났다고 하자, 자연히 사람들의

관심사는 계몽 사상보다 야수쪽으로 쏠렸답니다. 그러던 어느 날, 한 마을에 수레에 짐을 가득 실은 사람들이 나타났습니다. 그들은 마을 광장에서 장사를 하는 과일 장수에게 길을 물었습니다.

"길 좀 묻겠습니다. 파리로 가려면 이 길로 가야 합니까?"

"네. 그렇습니다. 그런데 어디서 오시는 길입니까?"

"제보당에서 오는 길입니다."

제보당이라는 말에 사람들이 우르르 몰려들었습니다.

"제보당에 야수가 나타났다는데 그게 정말입니까?"

"우리는 그 괴물을 직접 보았습니다. 그 괴물은 쇠 이빨과 길고 날카로운 갈고리 발톱을 가졌고, 몸집이 어마어마하게 컸습니다. 귀족들은 늑대라고 우기지만 결코 늑대가 아니었죠. 우리는 야수를 피해 파리로 이사하는 중입니다. 정말 평생 기억하고 싶지 않은 일이에요."

나그네들은 말을 마치고 서둘러 길을 떠났습니다. 그 무서운 말에 마을 사람들은 벌벌 떨며 어쩔 줄 몰라했습니다.

마을 분위기가 흉흉해지자 귀족들이 늑대를 잡겠다고 나섰습니다. 내로라하는 늑대 사냥꾼들을 불러 야수 사냥 대회를 열고 늑대를 잡도록 하겠다는 것이었지요. 그러나 프랑스 최대 규모의 야수 사냥 대회도 실패로 끝났습니다. 여전히 야수가 나타나 마을 사람들을 죽였으니까요. 제보당 지방의 야수 소동은 그 뒤로도 많은 사람들을 불안과 공포에 떨도록 만들었습니다.
　이 제보당 지방에 나타난 야수의 정체는 과연 무엇이었을까요?

 **야수 소동의 진상은 무엇일까요?**

오래 전, 프랑스를 비롯한 유럽에는 신분 제도가 있었습니다. 나라를 다스리는 왕, 왕에게 충성을 바치는 대신 온갖 특혜를 누리는 귀족, 왕과 귀족에게 보호받는 대신 세금을 내고 노동력을 제공하는 평민이 있었지요. 그런데 왕과 귀족은 자신들이 가진 힘으로 평민을 억압하며 멸시했습니다.

시민들은 점차 인간의 권리를 주장하기 시작했습니다. 인간 차별을 없애고 개인의 자유와 평등을 존중하자는 계몽 사상이 널리 퍼지기 시작했지요. 그러자 귀족들은 자신들의 이익을 뺏기지 않으려고 거짓으로 제보당의 야수 소동을 꾸몄습니다. 자기네 귀족이 아니면 평민을 보호할 수 없다는 소문을 퍼뜨려 민심을 잡으려고 했던 것이지요.

 **프랑스 혁명이 뭐예요?**

프랑스 혁명은 18세기 말, 자유와 평등을 실현하기 위해 프랑스의 평민들이 벌인 혁명입니다. 왕을 비롯한 특권 귀족층을 떠받들기 위해 정치, 경제적으로 비참한 생활을 하던 평민들이 더 이상 참지 못하겠다며 일제히 들고일어났지요. 이들은 왕이 곧 신이고

법이던 신분 제도와 권력 체계를 뒤집고, 인간이 합리적 이성을 가지고 채택한 정의를 법으로 만들고 집행했습니다. 이 프랑스 혁명은 국민이 인권의 주인이며, 인권은 국가가 침해할 수 없는 권리라는 것을 인식하게 하는 계기가 되었답니다.

 ## 자유와 평등을 위한 싸움은 지금도 계속되고 있어요

근대 시민 혁명이 자유와 평등을 주장하게 했지만 모든 사람이 자유와 평등을 찾은 것은 아니었습니다. 인권은 남성의 권리일 뿐, 여성에 대한 차별이 그대로 남아 있었으니까요. 또, 산업이 크게 발전하면서 일부 기업가들이 그 전의 귀족들처럼 자신의 부를 위해 부당한 방법으로 노동자의 권리를 빼앗았지요. 곧 신분 제도가 아니라 돈으로 노동자와 어린이들을 노예처럼 부려먹는 일이 일어났습니다. 시민 혁명으로 주장했던 자유, 평등, 인권은 빈 껍데기가 되었고, 상실된 권리를 되찾는 싸움을 하느라 수많은 사람들이 큰 희생을 치러야 했습니다. 하지만 이런 행동과 희생이 있었기에 훗날 모든 인간의 인간다운 삶을 보장하는 헌법과 제도를 만들 수 있게 되었답니다.

인권 지킴이 출동! 국가 인권 위원회

우리 나라에도 인권을 침해당하거나 합리적인 이유 없이 차별받는 사람들의 하소연을 들어 주고, 정당한 권리를 되찾을 수 있도록 도와 주는 인권 지킴이가 있습니다. 바로 '국가 인권 위원회(홈페이지 : www.humanrights.go.kr)'가 그것이죠.

2001년 11월에 국가 인권 위원회가 출범하고, 겨우 한 달 만에 인권 침해와 차별 행위에 대한 문의가 2,570건, 자신의 권리를 되찾아 달라는 진정이 837건이나 접수되었습니다. 우리 사회에도 아직까지 인권이 보호되지 못하는 사각 지대에서 고통받고 있는 사람들이 있다는 증거이지요.

국가 인권 위원회가 출범되자 그 동안 사람들의 관심에서 멀어졌던 장애인과 외국인 노동자 등 사회적 약자에 대한 문제가 널리 알려졌으며, 인권 교육에 대한 필요성도 제기되었답니다.

 인권은 배려하는 마음에서 시작해요

잊혀진 수인들이 있습니다

　1961년 어느 날 아침, 영국의 변호사 피터 베넨슨은 여느 때처럼 아침을 먹기 전에 신문을 펼쳤습니다. 언제나 그렇듯 많은 사건과 사고들이 활자로 빼곡이 채워져 있었습니다. 그런데 사회면 아래쪽에 난 조그만 기사가 그의 눈길을 끌었습니다.

　'자유를 위하여 건배한 포르투갈 학생에게 7년 구형.'

　피터는 기가 막혔습니다. 술을 마시다가 자유를 위해 건배했다는 이유만으로 감옥에 갔을까 싶었던 것이죠. 그래서 좀더 자세히 기사를 읽었답니다. 그러나 이유는 정말 그것뿐이었습니다. 두 명의 포르투갈 학생이 한 술집에서 '자유를 위하여.'라고 건배했다는 이유로 7년 동안 감옥에 갇히게 되었다는 내용 외에는 더 이상 아무런 설명이 없었습니다. 이런 부당한 사건에 감정에 북받친 그는 이들을 도울 방법이 없을까 하고 생각했습니다.

　이렇게 피터가 사람들의 고통에 관심을 갖게 된 데에는 어린 시절의 영향이 컸습니다. 피터는 제1차 세계 대전 직후 런던에서 태

어났습니다. 이혼한 아버지의 손에서 어렵게 자라다가 겨우 두 살 나던 해에 사고로 아버지를 여의고 어머니에게 보내졌지요. 그러나 그의 어머니는 아들에게 애정이 거의 없었고 집에 좀처럼 있지도 않았습니다. 이런 어린 시절을 보낸 탓에 그는 다른 사람의 고통에 민감해졌고, 이로 말미암아 평화주의자가 되었습니다. 피터는 아주 우수한 성적으로 공립학교를 졸업한 뒤, 옥스퍼드 대학에 들어가 법학을 전공했습니다. 그리고 변호사가 된 그는 이 일을 계기로, 정부와 다른 생각을 갖고 있다는 이유만으로 감옥으로 잡혀가는 사람들을 돕기 위해 일할 것을 결심했습니다.

'나 혼자 발버둥치기보다는 같은 생각을 하는 사람들을 찾자. 힘을 합쳐야 그들에게 조금이라도 도움을 줄 수 있을 거야.'

피터는 영국의 유명한 잡지 〈옵서버〉와 프랑스 신문 〈르몽드〉에 자신의 생각을 글로 정리해서 실었습니다.

"일주일 가운데 어느 날이든 신문을 펼쳐 보세요. 이 세계 어느 곳에선가 자신의 의견이나 종교가 정부에게 받아들여질 수 없다는 것 때문에 투옥되고 고문당하고 처형되는 사람들에 대한 기사를 접할 수 있습니다. 사람들은 그런 뉴스를 읽으며 허탈감과 혐오감을 느낄 것입니다. 그렇지만 만일 전세계 독자들이 느끼는 그런 허탈감과 혐오감을 하나로 묶어 공동의 행동으로 이끌어 낼 수 있다면, 뭔가 효과적인 결과를 가져올 수 있지 않을까요?"

'잊혀진 수인(감옥에 갇힌 사람)들'이라는 제목으로 쓴 피터의 신문 기사는 당시 많은 사람들에게 엄청난 영향을 미쳤습니다. 이 일은 1961년 5월 28일, '국제 사면 위원회(앰네스티)'가 탄생하는 결정적인 계기가 되었답니다. 세계적인 저명 인사들이 다투어 참여한 앰네스티는 그 뒤, 인권 운동 분야에서 가장 영향력 있는 단체로 성장했습니다.

피터는 앰네스티에 대해 이렇게 말하곤 했습니다.

"앰네스티는 누구에게나 개방되어 있습니다. 인권을 지키기 위한 운동에 반드시 특별한 지식이나 기술이 있어야 하는 것은 아닙니다. 필요한 것은 남을 생각할 줄 아는 인도적인 배려뿐이죠."

 ## 인권은 남을 배려하고 생각하는 마음에서 출발합니다

세계적인 인권 단체 앰네스티가 탄생한 배경에는 남을 배려하고 생각하는 한 사람의 노력이 있었답니다. 이처럼 남을 배려하고 생각하는 마음만 있다면 누구나 인권 운동가가 될 수 있지요. 여러분도 주변을 잘 둘러보세요. 혹시 장애가 있다는 이유로 따돌림을 당하거나 죄 없는 사람이 억울하게 처벌을 받는 경우는 없나요? 혹시 그런 사람이 있다면, 그것이 잘못되었음을 여러 사람들에게 알리려고 노력해 보세요. 다른 사람의 인권을 지키는 것이야말로 곧 자신의 권리를 지키는 일이랍니다.

 ## 국제 사면 위원회는 어떤 단체인가요?

국제 사면 위원회, 곧 앰네스티는 1961년 5월에 인권 침해에 대항하기 위해 창설되었습니다. 창립된 뒤, 앰네스티는 다음과 같은 주장을 했습니다.

첫째, 사상, 정치, 종교 상의 신념이나 견해 때문에 체포되고 투옥된 정치범을 석방하라.

둘째, 공정한 재판을 열고 감옥에서 받는 대우를 개선하라.

셋째, 고문과 사형을 폐지하라.

이런 앰네스티의 노력으로 많은 죄없는 사람들이 감옥에서 풀려날 수 있었습니다. 그리고 그 공로를 인정받아 1974년에 앰네스티 국제 집행 위원장을 맡았던 숀 맥브라이드가 노벨 평화상을 받았고, 1977년에 앰네스티 전체가 노벨 평화상을 수상했지요. 앰네스티는 전세계 162개국에 지부가 설치되어 있고, 회원이 110만 명이 넘습니다.

우리 나라에도 앰네스티 한국 지부(홈페이지:www.amnesty.or.kr)가 있지요. 1972년에 처음 결성된 한국 앰네스티에는 3,000여 명의 회원들이 가입해 전국에서 활동하고 있답니다.

평화를 기원하는 노벨상

앰네스티가 받은 노벨 평화상은 어떤 상일까요? 사실 노벨상만큼 전세계적으로 알려져 있고 누구나 받기를 간절히 원하는 상이 없습니다. 노벨상을 받는 것은 개인의 영광일 뿐만 아니라, 나라의 영광으로 생각할 정도지요.

노벨상은 스웨덴에서 다이너마이트라는 폭약을 발명해 큰 부자가 된 알프레드 노벨의 유언에 따라 제정된 상이랍니다. 노벨은 1895년 11월 27일 유언장을 남겨, '인류 복지에 가장 구체적으로 공헌한 사람들에게 나누어 주도록' 그의 유산 약 3,100만 크로네를 스웨덴의 왕립 과학 아카데미에 기부했습니다.

왕립 과학 아카데미에서는 이 유산을 기금삼아 노벨 재단을 설립하고, 기금에서 나오는 이자를 해마다 상금으로 쓰는 방식으로 1901년부터 노벨상을 수여하여 왔습니다.

노벨이 인류 평화를 위해 큰 돈을 기부한 데에는 이유가 있습니다. 그것은 자신이 발명한 다이너마이트가 인류의 발전을 위해 쓰이기보다 인류를 파괴하는 전쟁의 무기로 쓰였기 때문이죠. 노벨은 자신이 번 돈이 인류의 평화와 화해를 앞당기는 데 쓰이기를 희망했던 거랍니다.

 내 손으로 권리를 찾아요

자기 손으로 권리를 일군 농민들

1894년, 전라남도 고부라는 마을에서 있었던 일입니다.

마을 사람들이 모여 웅성웅성 떠들고 있었습니다. 무슨 안 좋은 일이라도 있는지 사람들이 한결같이 분한 표정을 짓고 있습니다.

"그 말 들었나? 군수가 우리가 뽑아 보낸 마을 대표에게 곤장을 쳐서 돌려보냈다면서?"

"그래, 그게 말이 되나? 세금이 너무 많이 나와서 도저히 먹고 살 수가 없어 세금을 좀 줄여 달라고 간 사람에게 대책을 마련해 주기는커녕 곤장을 쳐서 보내다니! 아무리 임금님이 보낸 관리라지만 너무하잖아!"

마을 사람들이 이렇게 화를 내는 데에는 이유가 있습니다. 당시 마을 사람들은 살기가 아주 힘겨웠답니다. 일본 사람들이 마을 곡식을 아주 싼값으로 가져가는 바람에 정작 마을 주민들은 먹을 곡식이 부족했죠. 자연 식량값이 턱없이 올랐고 가난한 농민들의 생활은 더욱 힘들어졌답니다. 이렇게 어려운 상황인데도 군수는 자신의 검은 뱃속을 채우기 바빴죠. 들어보지도 못한 세금을 거둬들이고 남의 재산도 함부로 빼앗는 등 횡포가 여간 아니었습니다. 윗물이 맑아야 아랫물도 맑다는데, 군수가 그러니 밑에 있는 양반도 농민을 깔보고 우습게 여겼죠. 마을 사람들은 도저히 이대로는 못 살겠다고 생각하고 마을 대표 몇 명을 뽑아 군수를 찾아갔답니다.

"군수님, 세금 때문에 우리 농민들은 농사를 지어도 도저히 먹고살 수가 없습니다. 제발 세금 좀 줄여 주십시오."

그러자 군수는 오히려 버럭 화를 냈습니다.

"너희들의 생업에 아무 지장 없도록 내가 마을을 잘 돌보고 있는데, 뭐가 불만이냐?"

군수는 마을 대표에게 모진 곤장을 쳐서 내쫓아 버렸죠. 이 소식이 알려지자 마을

사람들은 더 이상 참을 수가 없었습니다.

 마을 사람들은 관청으로 몰려가 군수를 쫓아내고 창고에 쌓여 있던 쌀을 가난한 농민들에게 나눠 주었습니다. 그리고 마을에서 가장 덕망 있는 사람을 뽑아 마을 행정을 맡아 보도록 했습니다.

 사람들은 좋은 마을을 만들기 위해 너도나도 소매를 걷어 붙이고 나섰지요. 우선 함부로 사람을 죽이지 않고, 재물도 빼앗지 않기로 결의했습니다. 여러 가지 쓸데없는 세금도 없애고, 토지를 고루 나누어 갖고, 노비 문서를 없애는 등 마을의 규율을 새로 세웠죠. 그토록 오랫동안 소원했던 양반도 상놈도 없는 세상이 농민의 손으로 실현되는 순간이었습니다. 이 사건을 '갑오 농민 운동'이라고 합니다.

 그러나 농민들의 세상은 오래 가지 못했답니다. 나라에서 관군을 보내어 마을 대표를 잡아들이고 마을 사람들에게 벌을 내렸기 때문이지요. 하지만 그 뒤로 갑오 농민 운동은 농민의 자주 의지를 상징하는 사건으로 오랫동안 우리 마음 깊이 남게 되었답니다.

 ## 갑오 농민 운동이 뭐예요?

1876년, 강화도 조약을 통해 강제로 조선이 개항된 뒤, 일본은 헐값으로 조선의 쌀을 사들이고 물고기를 잡아갔지요. 게다가 탐관오리의 횡포가 날이 갈수록 심해져서 백성들은 더 이상 견딜 수 없는 상태에 이르렀습니다. 그런 와중에 고부 군수로 부임한 조병갑은 백성에게 엄청난 세금을 물리고, 조금만 부유해도 누명을 씌워 돈을 수탈하거나, 심지어 자기 아버지의 덕을 찬양하는 송덕비각을 세운다며 돈을 거둬들였습니다. 이에 더 이상 참지 못한 고부 사람들은 동학의 고부 접주로 있는 녹두 장군 전봉준을 선두로, 몽둥이와 죽창을 들고 고부 관아로 쳐들어갔지요. 이 때, 이들은 단순히 세금 인하만을 이야기한 것이 아니라, 외국 상인의 쌀 매점과 밀수출을 막을 것, 외국 상인이 나라 곳곳을 횡행하는 것을 막을 것, 탐관오리를 제거할 것, 부패한 정치를 바로잡을 것 같은 근본적인 개혁을 제기했지요. 곧 이 고부 민란에는 나라의 혁명을 염원하는 농민들의 기원이 담겨 있었던 거지요.

이 고부 민란은 그 뒤로도 오랫동안 이어진 동학 농민 운동의 시발점이 되었답니다.

 ## 인권을 지키는 것은 힘들어요

인권을 지키는 일은 어렵고 힘든 일입니다. 모든 사람이 자유롭고 평화롭게, 서로가 서로를 가족처럼 받아들이며 사는 세상이 저절로 굴러 들어오는 것은 아닙니다. 여러분이 이제까지 본 것처럼, 사람들은 때로 자신의 권리를 지키기 위해 상대방을 설득하기도 하고 무기를 들고 싸우기도 해야 합니다. 실제로 지금까지 많은 사람들이 아름다운 세상을 이루기 위해 때로는 자신의 목숨을 내놓아 가면서 싸워 왔지요. 이런 분들이 있었기에, 오늘날 나의 인권을 지키고 남의 인권을 존중해 주기 위해 노력하는 사회가 이루어진 것이랍니다.

집강소란 어떤 곳이죠?

　갑오 농민 운동이 벌어졌던 시기에, 잠깐 동안이기는 하지만 마을 주민들이 스스로 마을을 운영하던 때가 있었지요. 그 운영을 담당하던 기관을 집강소라고 부른답니다.

　조선 시대 말, 고종 31년(1894년)에 농민 운동이 크게 일어나자 당시 조정은 잘못된 정치를 바로잡겠다는 약속을 했고, 이 약속을 믿은 농민 군대는 해산했지요. 그런데 잘못된 정치를 바로잡겠다는 약속과는 달리 조정은 아무런 조처를 취하지 않았답니다.

　농민들은 스스로 잘못된 정치를 바로잡기 위해 집강소를 고을마다 설치하고 지방 관리나 양반의 약탈 때문에 입은 억울한 피해를 바로잡으려 노력했지요.

　집강소는 나주를 제외한 전라도의 모든 지역 52개 고을에 설치되었답니다. 하지만 얼마 지나지 않아 일본군이 동학 농민군을 진압하면서 집강소는 점차 사라졌지요.

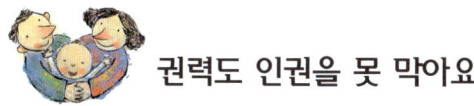 **권력도 인권을 못 막아요**

법은 한 사람을 위한 것이 아닙니다

16세기 영국은 국왕 헨리 8세의 이혼 문제 때문에 나라 안팎이 시끄러웠습니다. 헨리 8세가 캐서린 왕비와 강제로 이혼하고 궁녀인 앤 불린과 결혼하려 했기 때문이지요. 당시 많은 사람들이 이혼을 금지하던 국법을 내세워 왕의 이혼을 반대했습니다.

그러나 시간이 흐르면서 감히 국왕의 이혼 문제를 거론하려는 사람이 점차 없어졌습니다. 헨리 8세가 여러 대신과 관료에게 자신의 이혼을 지지하도록 강요하기 시작하면서 반대는 곧 죽음을 의미하는 것이 되었기 때문이죠. 그런데 유독 이름난 문인이자 법률가인 토머스 모어만이 왕의 간청을 거절하고 침묵을 지켰습니다. 이 소식은 곧 영국 곳곳으로 퍼져 나갔습니다.

"그 얘기 들었나? 대법관인 토머스 모어가 국왕의 이혼을 반대한다며?"

"그럴 리가, 반대는 곧 죽음 아닌가! 내가 듣기로는 이혼을 찬성해 달라는 국왕의 간청을 거절했다는데?"

"그게 그거지. 그의 앞날도 이제 험난하겠구먼."

국왕이 법까지 고쳐 가며 왕비와 헤어지려고 한 데에는 이유가 있었습니다. 헨리 8세는 자신의 아들이 영국 국왕이 되기를 간절히 바랐습니다. 그러나 그의 아내 캐서린 왕비는 6명의 아이들을 낳았지만 딸 메리 공주만이 살아남았을 뿐, 모두 어려서 죽고 말았지요. 그래서 헨리 8세는 캐서린 왕비와 헤어지고 젊고 아름다운 앤 불린과 결혼하기를 원했던 것입니다.

그러나 이혼을 금지하는 가톨릭 교를 국교로 한 영국에서 이혼이 쉬울 리 없습니다. 온 국민이 반대하는 가운데, 헨리 8세는 자신의 이혼을 허용하는 법을 만들었습니다.

당시 최고의 법률가였던 토머스 모어는, 아무리 국왕이라도 개인의 이익을 위해서

법을 마음대로 바꿀 수는 없다는 주장을 굽히지 않았습니다.

토머스 모어는 결국 이혼을 허용하는 법을 찬성하지 않았다는 것 때문에 런던 탑으로 끌려가 사형을 선고받게 되었습니다. 많은 사람들이 그의 운명을 안타깝게 여겼지만 헨리 8세나 모어, 두 사람 모두 서로의 고집을 꺾지 않았습니다.

마침내 사형이 집행되던 날, 모어는 자신이 직접 준비해 온 천으로 눈을 가리며 단두대 위로 올라섰습니다. 그리고 사형 집행관에게 말했습니다.

"내 수염은 죄를 진 것이 없으니 잘리지 않게 해 주게나."

자신의 신념을 지키기 위해 단두대 위에서 의연하게 목숨을 내놓은 토머스 모어. 그러나 그의 당당한 행동은 왕의 권력으로도 한 사람의 신념을 꺾을 수 없다는 것을 사람들의 머릿속에 똑똑히 각인시켰답니다.

정당한 이유 없이 사형당한 많은 사람이 있답니다

국왕의 터무니없는 주장에 찬성하지 않았다는 이유만으로 사형을 당한 토마스 모어. 하지만 억울한 사형을 당한 사람이 모어만은 아니었답니다. 유럽 중세 시대에 죄 없는 처녀들이 마녀로 몰려 사형당하기도 했으며, 우리도 일제 시대에 많은 독립 운동가들이 숱한 고문과 함께 처형당했습니다. 이처럼 큰 권력을 가진 사람이 자신의 개인적인 이익을 위해 제도를 악용하면, 죄 없는 사람이 억울하게 죽는 일이 벌어지게 됩니다. 죽음 앞에서도 의연했던 토마스 모어의 태도는 개인의 권력이 악용되었을 때 어떤 잘못된 결과를 낳을 수 있는지, 또 잘못된 사형 제도의 문제가 무엇인지를 온몸으로 증명해 주고 있다고 할 수 있지요.

사형은 폐지되어야 하나요?

사형은 법으로 정하는 처벌 중에서 가장 오랜 역사를 가진 형벌입니다. 고대와 중세 시대에는 사형이 주된 형벌이었습니다. 그러나 18세기 계몽주의 사상이 '인간의 존엄성'을 일깨워 주면서 사형은 점차 줄어들기 시작했습니다. 오늘날에는 법 앞에서 모든 사람이 평등하고 그 집행이 정당하다면 사형은 존속할 수 있다는 입장과, 인간이 다른 인간을 죽일 수 있는 권리는 그 누구도 갖고 있지 않다는 입장이 공존하고 있지요. 우리 나라는 아직까지 사형 제도를 유지하고 있는 나라지만, 전세계적으로는 사형 제도를 폐지하는 나라들이 점차 늘고 있답니다.

사형 폐지를 최초로 주장한 사람은 누구인가요?

사형 제도의 폐지를 처음 주장한 사람은 이탈리아의 법학자인 베카리아입니다. 그는 1764년에 《범죄와 형벌》이란 책을 출판하면서 사형 제도의 폐지를 제기했습니다.

"도대체 인간이 다른 인간을 죽일 권리를 누구로부터 부여받았는가? 인간이 자기 자신을 죽일 권리가 없다면, 그러한 권리를 타인에게(특히 국가에게) 양도할 수도 없다. 인간은 타인의 생명에 대해 아무런 합법적 권리를 가지고 있지 않다. 곧 사형은 어떠한 권리에도 근거되어 있지 않은 것이다."

베카리아의 주장은 많은 공감을 얻어 내어, 곧 독일, 프랑스 같은 나라에서 사형 제도를 폐지했답니다.

발명왕 에디슨이 만든 전기 의자

토머스 에디슨은 1,000종이 넘는 특허로 '발명왕'이라고 불리며 많은 이들로부터 큰 존경을 받아 왔습니다. 우리 주변에 그의 발명이 없었다면 존재하지 않았을 것들이 많지요. 밤에 불을 밝혀 주는 전구 같은 그의 발명품은 헤아릴 수 없을 정도로 많습니다.

이런 에디슨이지만 그도 비난받을 만한 잘못을 저질렀답니다. 사형용 '전기 의자'를 개발한 뒤, 죄인을 사형시킬 때 전기 의자를 쓰도록 부추겼거든요. 에디슨이 이런 일을 한 데에는 이유가 있습니다. 그는 전기를 발전소에서 가정으로 보낼 때, 교류 방식보다 자신이 개발한 직류 방식을 쓰기를 바랐습니다. 그래서 고압의 교류 방식을 쓰는 전기 의자를 개발하여 교류 방식을 쓰는 것이 얼마나 위험한 일인지 알리려고 했던 것이죠. 그래서 에디슨은 여러 감옥소에서 자신이 개발한 전기 의자를 쓰도록 권유했답니다. 하지만 이런 에디슨의 노력에도 불구하고, 오늘날 발전소에서 가정으로 전기를 보낼 때는 대부분 교류 방식을 사용한답니다.

 인권에 신분의 차이는 없어요

노예도 인간입니다

　기원전 73년 로마 시대, 수많은 로마 시민들과 지체 높은 귀족들이 원형 경기장을 가득 메웠습니다. 당시 최고의 오락거리인 노예 검투사 경기를 보기 위해서였죠. 사람과 사람끼리, 또는 사람과 맹수가 싸우는 이 경기의 규칙은 상대방이 죽을 때까지 싸우는 것이었답니다. 특히 이 날은 최고의 검투 실력을 갖춘 스파르타쿠스가 출전하는 날이라, 경기장 분위기가 후끈 달아올라 있었습니다.
　스파르타쿠스가 출전하자 시민들이 일제히 일어나 환호성을 울렸습니다. 싸움이 시작됐습니다. 스파르타쿠스는 살기 위해 있는 힘껏 칼을 휘둘렀습니다. 다음 순간, 동료 검투사는 칼을 놓치고 말았습니다. 그러자 경기를 구경하고 있던 로마 시민들이 어김없이 엄지손가락을 아래로 내려, 죽이라는 신호를 보냈습니다.
　"죽여라, 죽여라."
　스파르타쿠스는 쓰러진 동료를 칼로 찌를 수밖에 없었습니다. 스파르타쿠스는 어제까지 함께 땀을 흘리며 훈련했던 친구의 참혹한 모습을 바라보며 생각했습니다.

'이게 사람이 할 짓인가?'

스파르타쿠스는 로마 시민과 귀족들을 향해 울부짖었습니다.

"우리도 인간답게 살 권리가 있다. 더 이상 즐거움을 위해 사람을 죽일 수는 없다!"

그러나 마냥 웃고 소리를 질러 대는 관중석에 스파르타쿠스의 외침은 전달되지 못했습니다. 그 날 밤, 스파르타쿠스는 동료들에게 자신의 이런 생각을 이야기했습니다.

"미천한 노예 신분이지만 우리도 인간입니다. 그런데 왜 이런 의미 없는 싸움을 계속해야 합니까?"

"하지만 어떻게 합니까? 이 곳을 나갈 수가 없잖아요."

"아닙니다. 우리가 힘을 합치면 우리도 자유와 권리를 찾을 수 있을 겁니다."

며칠 뒤, 스파르타쿠스는 70여 명의 동료 검투사들과 함께 노예 검투사 양성소를 탈출했습니다. 그리고 노예들을 모아 군대를 조직했습니다. 그러자 그 동안 억눌려 있던 수많은 노예들이 몰려들어 그 수가 10만여 명에 이르렀습니다. 사기가 하늘을 찌를 듯한 노예 군대는 로마 군대를 계속해서 무찔렀습니다. 그러자 로마 귀족들은 무척 당황했습니다. 오합지졸인 줄 알았던 노예 군대가 이렇게 잘 싸우리라고는 상상도 못 했던 거죠.

그러나 급하게 조직된 군대가 정식으로 훈련받은 군대를 계속 물리칠 수는 없었습니다. 노예 군대는 크라수스가 이끄는 로마 군대에 패해 모두 죽임을 당했습니다.

스파르타쿠스가 이끈 노예 군대의 싸움은 결국 3여 년 만에 막을 내리고 말았지요. 이 반란을 사람들은 검노 반란, 또는 글라디에이터(검투사)의 반란이라고 불렀답니다.

 **노예는 언제부터 있었나요?**

　노예는 고대 문명이 발달하면서부터 생겨났답니다. 문명이 발달하기 전에는 자기 먹을 것을 구하기에도 바빠서 노예를 거느린다는 것이 불가능했죠. 그러나 농업이 발달하면서 저장할 수 있을 만큼 충분히 식량이 생기게 되자, 이것을 지키는 일도 필요하게 되었답니다. 또, 지역에 따라 경계가 분명해지면서 부족 사이에 다툼이 잦아졌고, 이 과정에서 전쟁에 진 부족민들의 이긴 부족민들의 노예가 되었지요. 서양의 노예 제도는 1만 년 전, 지금의 이라크 지역에 위치했던 메소포타미아에서 시작되었다고 합니다.

그 당시 남성 노예 한 명은 대추야자 한 그루의 가치밖에 없었으며, 노예는 죽은 뒤에야 비로소 자유를 얻을 수 있었답니다.

 ## 노예 제도는 언제 사라졌나요?

　노예 제도에 반대한 사람들은 무수히 많았지만 노예 제도가 없어진 것은 19세기에 들어와서였습니다.

　덴마크는 1804년에 노예 무역을 불법으로 규정했고, 영국은 1807년에 노예 무역을 금지시켰습니다. 1839년에 이르자 유럽 지역에서 로마 시대부터 이어져온 노예 제도가 완전히 사라졌습니다. 노예 제도를 계속 유지해 오던 미국은 남북 전쟁을 거쳐 1861년에 이르러서야 흑인 노예의 해방을 선언하고, 미국 헌법 제13조를 근거로 노예 제도를 폐지했답니다.

　1956년, 국제 연합은 협약(국가와 국가 간에 맺는 약속)을 통해 노예 제도와 이와 유사한 관습을 없애는 노력을 시작했으며, 많은 나라들이 이 협약 내용을 국내법으로 정했답니다.

지금도 노예가 있다?

　국제 연합이 설립되면서 각 회원국은 원칙적으로 노예 제도를 폐지해야 할 의무를 가지게 되었습니다. 그러나 노예 제도의 폐해는 아직까지도 남아 있습니다. 한 통계에 따르면 전세계적으로 약 2,700명이 노예 상태인 것으로 추정되고 있답니다.

　물론 옛날 노예처럼 노예 신분으로 태어나지는 않았지만, 강제 노동에 시달리고 사유 재산처럼 사고 팔리는 사람들이 지금까지도 있다는 것이지요. 특히 일을 하는 것이 금지된 어린이에게 강제로 노동을 시키고 학대하는 일이 전세계에서 일어나고 있어서 문제가 되고 있답니다. 하지만 1989년 '아동 권리에 관한 국제 연합의 협약'과 1999년 '국제 노동 기구의 아동에 관한 협약'이 채택되면서, 어린이의 권리에 대한 국제적인 합의가 점차 이루어지고 있답니다.

사람은 평등합니다

나는 고발한다, 거짓된 양심을

1898년 1월 어느 날, 프랑스가 발칵 뒤집어졌습니다. 프랑스의 저명한 소설가 에밀 졸라가 〈로로르〉지에 쓴 글 때문이었죠. '나는 고발한다'라는 에밀 졸라의 글은 3년 전, 프랑스 전역을 들끓게 했던 드레퓌스 사건에 관한 것이었습니다.

"자네 오늘 아침 〈로로르〉지 보았나?"

"그래, 에밀 졸라의 글을 읽었지. 드레퓌스가 무죄라고?"

"그 동안 신문에서 드레퓌스가 독일 스파이가 분명하다고 해서 믿었는데 그게 거짓말이라니, 이럴 수가 있나?"

에밀 졸라가 글을 기고하기 전까지, 많은 프랑스 사람들이 드레퓌스를 독일 스파이로 믿었답니다. 언론에서 그를 범인으로 단정하는 기사를 계속 내보냈던 탓에, 프랑스 사람들은 이것저것 따져 보지도 않고 '드레퓌스는 나쁜 놈.'이라고 생각했지요. 게다가 드레퓌스는 유대 인이었습니다. 당시 프랑스 사람들은 유대 인이 수전노에 인정 없는 사람들이라는 편견을 가지고 있었기 때문에 돈에 매수되어 다른 나라의 스파이 노릇을 했을 것이라고 생각했죠.

하지만 에밀 졸라의 글이 발표되자, 많은 양심 있는 지식인들이 드레퓌스의 무죄를 알리는 데 동참하기 시작했습니다. 프랑스 국민들도 드레퓌스 편이었죠. 수사가 계속되면서 드레퓌스가 범인이 아니라는 증거가 속속 나타났습니다. 그런데도 드레퓌스는 석방되

지 않고 무려 12년 동안 감옥에 갇혀 있어야 했답니다. 드레퓌스를 죄인 취급했던 재판부와 군 지도부, 한때 이에 동조했던 언론이 드레퓌스의 석방을 반대했기 때문이죠.

당시 드레퓌스를 스파이로 단정했던 재판부는 진실보다는 자신들의 체면을 더 중요시했습니다. 프랑스의 군 지도부는 프랑스 사람 중에 범인이 나와 자신들의 명예가 땅에 떨어질까 봐 걱정했지요. 또, 드레퓌스를 범인 취급했던 일부 언론들 역시 진실보다는

자기네 신문 독자가 줄지 않을까, 그 걱정부터 했답니다.

결국 군 지도부는 진실을 밝히려 했던 사람의 입도 막아 버렸습니다. 우연한 기회에 진짜 스파이가 따로 있음을 알게 된 프랑스 장교 피가르가 드레퓌스의 무죄를 주장하자, 군 지도부는 아주 먼 곳으로 그를 전출 보냈지요. 이 세상 사람들에게 진실이 알려질까

봐 두려워서 말입니다.

드레퓌스 사건의 진상과 군부의 음모를 폭로했던 에밀 졸라 역시 군법 회의를 모욕했다는 이유로 징역 1년형을 선고받았습니다.

그러나 양심적인 지식인과 법률가들, 진실을 밝히려고 했던 일부 언론들은 드레퓌스의 무죄를 계속 주장하는 일을 멈추지 않았습니다. 이들의 끈질긴 주장과 명백한 증거 앞에, 프랑스 재판부는 결국 1906년에 드레퓌스의 무죄를 인정하게 되었답니다.

 ### 에밀 졸라는 누구인가요?

　에밀 졸라는 〈목로주점〉, 〈나나〉, 〈제르미날〉 같은 작품으로 유명한 소설가입니다.

　처음 에밀 졸라는 작가로서의 호기심 때문에 드레퓌스 사건에 관심을 가지게 되었죠. 그러나 점차 드레퓌스의 결백을 확신하게 되면서 이를 세상에 알려야겠다고 결심하게 되었답니다. 많은 지식인들 또한 에밀 졸라의 글을 읽고 드레퓌스를 석방할 것을 강력하게 요구했지요.

　에밀 졸라를 비롯한 많은 학자, 문인들이 군부나 관료 등의 기존 세력에 대항한 일은 진실을 위해 싸우는 지식인의 모범으로 남게 되었답니다.

 ## 왜 드레퓌스에게 누명을 씌웠나요?

알프레드 드레퓌스는 자신감이 넘치는 유능한 사람이었습니다. 그는 학교를 졸업하자마자 직업 군인의 길을 선택해 스무 살이라는 젊은 나이에 육군 소위로 진급했습니다. 우수한 성적을 거둔 그는 몇 년 뒤 참모 본부에서 견습 사관으로 복무하게 되었습니다. 드레퓌스는 전통을 자랑하는 육군 참모 본부에 들어간 최초의 유대 인이었죠. 그러나 군 내부의 사람들 가운데에는 유대 인이 육군의 중심인 참모 본부에 들어가는 것은 옳지 못한 일이라고 생각한 사람들이 많았답니다.

당시 프랑스 사회에서는 '유대 인은 열등한 인종이며, 기독교 사회에 유해한 범죄자'라는 잘못된 편견이 있었기 때문이지요. 드레퓌스가 독일 스파이라는 누명을 쓰고 감옥에 갔던 것도 이런 사회적 분위기 때문이었습니다.

1906년에 드레퓌스는 최고 재판소에서 무죄를 확정받았지만 프랑스 군은 이를 인정하지 않았습니다. 그러나 진실은 숨길 수도, 부인할 수도 없는 법이죠. 1995년 9월, 결국 프랑스 군은 100년 만에 드레퓌스가 무죄임을 공식으로 인정해야 했습니다.

시 한 편과 목숨을 바꾸려 했던 시인

　1970년 5월 〈사상계〉라는 잡지에 한 편의 시가 실렸습니다. 김지하 시인이 쓴 〈오적〉이라는 시였는데, 이 시는 큰 반향을 불러일으켰습니다. 1970년 당시는 박정희 정권의 독재 체제에 반대하는 목소리가 아주 높았던 때입니다. 국민들은 민주주의를 열망했지만 정부는 무력으로 국민의 뜻을 억누르려고 했습니다. 그런 상황에서 김지하 시인은 당시 정치, 사회 문제를 시로 표현했습니다. 시를 통해 국민을 억압하고 민주주의를 탄압하던 무리들을 비판했지요.

　정부는 이 시가 발표되자 김지하 시인을 반공법 위반 혐의로 체포했습니다. 이 시를 실은 〈사상계〉는 판매를 금지시켰고, 발행인과 편집인도 구속했지요. 김지하 시인은 이 사건으로 사형을 선고받게 되었습니다. 그러자 많은 지식인들이 김지하 시인의 석방을 요구하고 나섰습니다. 프랑스의 사르트르나 보부아르 같은 세계적으로 유명한 지식인들도 김지하 시인의 석방을 요구하는 호소문을 정부에 보냈죠.

　결국 정부는 재판을 다시 열어 형을 무기 징역으로 줄여야 했습니다. 그리고 정권이 바뀐 1980년 12월에, 김지하 시인은 드디어 자유의 몸으로 풀려났습니다.

 고문받지 않을 권리가 있어요

앉은뱅이가 된 독립 투사

일제 식민지 시대 때의 일입니다. 사람들은 나라의 주권이 일본으로 넘어가자, 남녀노소를 막론하고 독립을 위해 누구나 힘을 모았습니다. 유학자인 심산 김창숙 선생도 마찬가지였습니다.

'나라를 잃은 지금, 유학자라고 어떻게 학문에만 전념하겠는가!'

김창숙 선생은 파리에서 평화 회의가 열린다는 소식을 듣자 유학자 187명이 서명한 독립 청원서를 '파리 평화 회의'에 보내, 일본 제국주의의 잔학상을 세상에 폭로했습니다. 또, 중국으로 건너가 단재 신채호 선생과 함께 독립 운동 잡지를 발행하는 한편, 독립군 양성에도 힘을 썼습니다.

김창숙 선생의 독립 운동에 당황한 일본 사람들은 선생을 요주의 인물로 찍고 체포령을 내렸습니다. 결국 김창숙 선생은 1927년 2월 상하이에서 붙잡혔습니다. 일본 경관은 온갖 고문을 하면서 김창숙 선생을 협박했습니다.

"해외 독립 운동 단체에 대해 말하지 않으면 더 모진 고문을 가하겠다."

그러나 김창숙 선생은 태연한 자세로 고문하는 경관에게 오히려 이렇게 말했습니다.

"비록 고문을 받다가 죽는 한이 있어도 결코 말하지 않겠다."

일본 경관들은 김창숙 선생이 입을 다물수록 더욱더 잔인하게 고문을 했습니다. 그러나 선생은 일본 경관들의 물음에 "그렇다." "그래." "아니다." "맞다." 등으로 일관했습니다. 재판 때도 마찬가지였죠. 태어난 곳을 묻는 재판장에게 선생은 "나라 잃은 백성이 태어난 곳이 있을 수 있나?"라고 대답했답니다.

결국 선생은 혹독한 고문으로 혼자서는 앉거나 일어설 수 없는 앉은뱅이가 되고 말았습니다. 일본 판사는 살인 미수, 치안 유지법 위반, 폭발물 단속령 위반 같은 엉터리 죄목을 물어 14년 형을 선고했죠.

"선생님이 무슨 죄가 있습니까? 제가 변호를 맡겠습니다."

한 변호사는 선생에게 가해진 죄목이 억울해 자신이 변호를 맡을 테니 재판을 다시 받자고 선생을 설득했습니다. 그러나 선생은

"일본 놈의 포로 신세가 된 것도 치욕인데, 살려고 변호를 받을 수 없네."라며 그의 변호를 거절했습니다.

옥중 생활을 하는 동안 심한 고문의 후유증으로 선생의 건강은 점점 악화되어 갔습니다. 거의 죽다가 깨어난 적도 한두 번이 아니었지만 선생은 자신의 뜻을 굽히지 않았습니다.

당시 감옥 안에서는 교도관이 감방 앞을 지나가면 죄수들이 머리를 굽혀 절을 해야 했으나, 김창숙 선생은 옥중 생활 동안 한 번도 절을 하지 않았습니다. 교도관들은 선생이 오만불손하다며, 가족들과 편지도 할 수 없게 하고 읽던 책도 압수해 버렸죠. 그러나 그 어떤 것도 선생의 강한 지조를 꺾을 수는 없었습니다.

1945년에 우리 나라가 독립을 맞이하여 풀려날 때까지, 김창숙 선생은 불구의 몸으로 병마와 싸우면서도 자신의 신념을 굽히지 않았답니다.

 ### 죄를 지은 사람은 고문을 당해도 되나요?

그렇지 않습니다. 아무리 큰 죄를 졌다고 하더라도 그 사람을 고문해서는 안 됩니다. 왜냐 하면 죄를 지었다는 사실이 분명하더라도, 재판을 통해서 확실하게 범죄 여부가 밝혀지기 전까지는 죄인으로 취급할 수 없기 때문이죠. 또, 재판을 통해 범죄 사실이 밝혀졌다고 하더라도 형법에 따라 내려질 처벌 외에는 어떤 육체적인 고통도 가해서는 안 됩니다. 하물며 심산 김창숙 선생처럼 나라의 독립을 위해 일한 분을 고문한다는 것은 더욱더 말이 안 되는 일이지요. 그런 까닭에 많은 나라에서 고문을 금지하고 있으며, 고문은 비인도적인 행위로 받아들여지고 있습니다.

 ## 고문은 언제부터 금지되었나요?

옛날에는 자백으로 죄를 물을 수 있었기 때문에 동서양을 막론하고 자백을 받기 위한 고문을 했답니다. 특히 서유럽 같은 곳에서는 "자백은 증거의 여왕."이라는 말이 있을 정도로 자백을 얻기 위해 갖가지 고문을 사용했지요. 하지만 프랑스 혁명이 일어난 뒤, 형사 소송법이 고쳐지면서 점차 자백을 증거로 삼지 않게 되었고, 죄가 확정되지 않은 사람은 말하지 않을 권리(묵비권)가 보장되었지요. 동시에 고문이 비인도적인 행위라는 인식이 널리 확산되면서 점차 고문을 금지해야 한다는 여론이 커졌습니다.

그러나 고문 금지 선언을 여러 나라에서 받아들인 것은 1975년에 이르러서입니다. 1975년, 국제 연합 총회에서 모든 나라의 만장일치로 고문을 금지하는 선언을 하게 된 것이죠. 이 선언은 모두 12개의 조항으로 이루어져 있는데, 어떤 국가나 권력 주체도 평화 시는 물론, 전쟁이나 비상 사태일 때도 정보를 입수하거나 자백을 받기 위해 처벌, 협박과 같은 수단을 써서 직접, 간접으로 육체적, 정신적 피해를 가하는 일은 용납할 수 없다고 규정하고 있답니다.

전쟁을 막지 못한 만국 평화 회의

심산 김창숙 선생이 유학자들의 호소문을 보낸 '파리 평화 회의'는 어떤 행사였을까요?

파리 평화 회의는 제1차 세계 대전이 끝난 뒤, 전쟁에 승리한 프랑스, 영국, 미국 등이 중심이 되어 세계 평화를 지키기 위해 개최한 국제 회의입니다.

파리 평화 회의 이전에도 러시아의 마지막 황제 니콜라이 2세가 세계 평화를 도모하기 위해 '만국 평화 회의'라는 것을 제창하여 개최했지요. 제1차 회의는 1899년에 26개국이 참가했고, 제2차 회의는 1907년에 44개국의 대표가 네덜란드의 헤이그에서 모인 가운데 세계 평화와 각 나라의 군비 축소 문제를 논의했죠. 논의 결과, 군비를 축소하는 것에는 실패했지만 국제 분쟁의 평화적 처리 등에 대해 약속하고 국제 중재 재판소를 설치했습니다.

하지만 파리 평화 회의나 만국 평화 회의 모두 세계 전쟁을 막지는 못했지요. 만국 평화 회의가 끝나기 무섭게 제1차 세계 대전이 벌어졌고, 파리 평화 회의 역시 제2차 세계 대전을 막지는 못했으니까요.

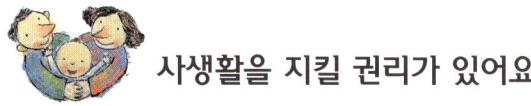 사생활을 지킬 권리가 있어요

도청 때문에 쫓겨난 대통령

1972년 6월, 미국에서는 대통령 선거 준비가 한창이었습니다. 당시 대통령 후보는 두 사람이었습니다. 현재 대통령인 공화당의 리처드 닉슨 후보와, 민주당의 조지 맥거번 후보. 이 두 사람은 거의 엇비슷하게 국민들의 지지를 받고 있었죠.

선거전이 한창인 어느 날 밤, 미국 워싱턴의 워터게이트 빌딩에 있는 민주당 선거 본부 사무실에 도둑이 들었습니다. 다행히 이 건물 수위가 순찰하던 중 차고 문이 열려 있는 것을 수상히 여겨 경찰에 신고한 덕분에, 도둑들을 금방 잡을 수 있었습니다.

처음에 경찰은 도둑들을 흔히 있는 단순 강도범쯤으로 여겼습니다. 그런데 이 도둑들은 이상한 물건을 갖고 있었습니다. 바로 남들이 대화하는 소리를 몰래 엿들을 수 있는 도청 장치였죠.

"이 도청 장치를 어디에 쓰려고 했어?"

경찰은 도둑들이 왜 도청 장치를 가지고 있는지 무척 궁금해했지만, 도둑들은 입을 다물었습니다. 사실 이 일은 민주당 후보의

적수인 닉슨 대통령과 그의 보좌관들이 벌인 일이었습니다. 맥거번 선거 본부에서 어떻게 선거 전략을 짜는지 알고 싶은 나머지, 도둑을 시켜 민주당 사무실의 전화기에 도청 장치를 설치하려고 했던 것입니다. 하지만 일이 실패하자, 닉슨 대통령과 보좌관들은 사건을 숨기고 자신들의 책임을 회피하기 위해 도둑들에게 모든 책임을 덮어 씌우려고 했습니다.

　이런 내막을 안 〈워싱턴 포스트〉라는 신문이 이 사실을 기사로 내보내려고 했습니다. 그러나 이 기사가 신문에 활자화될 때까지 이 신문사의 발행인은 백악관의 고위 간부로부터 심한 협박을 받았습니다.

　"닉슨 대통령이 다시 당선되면 당신 신문사가 남아 있을 것 같소?"

　하지만 〈워싱턴 포스트〉는 굴하지 않고

도청을 지시한 사람이 닉슨 대통령이라는 사실을 신문에 게재했죠. 이 소식에 미국 국민은 분노했습니다.

"어떻게 대통령이 남의 대화 내용을 엿듣는 파렴치한 행동을 할 수 있어?"

"더욱이 그 사실을 숨기려고 했다니 말도 안 돼!"

닉슨 대통령은 처음에 도청 사건은 자신과 전혀 상관 없는 일이라고 주장했습니다. 그러나 국민들은 그 말을 믿지 않았습니다. 진실을 밝히라는 국민들의 여론이 높아지자 닉슨 대통령은 할 수 없이 특별 검사 팀을 꾸렸습니다. 그러면서도 닉슨 대통령은 자신의 거짓말이 들통날까 봐 몰래 수사를 방해했습니다. 그러나 수사가 진행될수록 닉슨 대통령의 주장은 거짓으로 드러났습니다. 결국 닉슨 대통령은 자신이 이 사건을 은폐하려고 수사를 방해했다는 것을 인정할 수밖에 없었습니다. 1974년 8월, 닉슨은 하원의 탄핵으로 대통령 자리를 물러나 대통령 관저인 백악관을 떠났습니다.

훗날 사람들은 현직 대통령을 물러나게 한 이 사건을 '워터게이트 사건'이라고 불렀습니다.

왜 도청을 하면 안 되나요?

도청은 타인의 대화나 전화 내용을 몰래 엿듣는 부도덕한 행위입니다. 또, 무척 파렴치한 짓이기도 하지요. 그래서 대부분의 나라가 개인의 사생활을 보호하기 위해 법률로 도청을 금지하고 있습니다. 미국에서 닉슨 정부가 야당인 민주당 선거 사무소의 전화에 도청 장치를 했다가 발각되어, 닉슨 대통령이 결국 사임하게 된 것은 유명한 사례입니다.

우리 나라에서도 헌법으로 사생활의 비밀과 자유, 통신의 비밀을 보장하고 있습니다. 통신의 비밀을 보호하고 통신의 자유를 신장시키기 위해 '통신 비밀 보호법'을 제정했지요. 통신 및 대화의 비밀을 보호하는 한편, 도청을 하려면 엄격한 법적 절차를 거치도록 만든 법입니다. 따라서 법률에 의해 허락되지 않은 도청은 위법이랍니다.

 ### 닉슨 대통령은 어떤 인물인가요?

미국의 37대 대통령인 리처드 닉슨은 두 차례나 대통령에 당선된 사람입니다. 탁월한 외교 실력으로 21년 동안이나 냉전 상태였던 중국과 관계 정상화를 이루고, 처음으로 중국을 공식 방문하는 성과를 남겼답니다.

또, 닉슨은 1969년에 '닉슨 독트린'을 발표하기도 했습니다. 닉슨 독트린은 아시아 여러 나라에 대해서 군사적, 정치적으로 지나치게 개입하지 않겠다는 선언이지요. 이렇듯 닉슨은 역사적으로 유명한 여러 가지 성과를 남긴 대통령이었습니다. 그러나 닉슨은 남의 정보를 몰래 엿들으려 했던 워터게이트 사건 때문에 1974년 8월, 대통령직을 사임해야 했지요. 이로써 닉슨은 미국 역사상 처음으로 임기 중에 물러난 대통령이 되고 말았답니다.

컴퓨터 해킹도 범죄 행위예요

오늘날 많은 사람들이 컴퓨터를 쓰고 있습니다. 지금은 거의 집집마다 컴퓨터를 쓰고, 통신망으로 컴퓨터가 연결되어 있는 상태지요. 하지만 인터넷의 활용도가 높아지면서 해커들로 인한 피해가 늘어나고 있는 형편입니다.

여기서 컴퓨터 해킹이란 사이버 세계에서 벌어지는 도둑질을 뜻합니다. 뛰어난 컴퓨터 실력으로 몰래 남의 컴퓨터에 침입하여 각종 귀중한 정보를 빼내거나 없애는 것이지요. 해킹 역시 도청과 마찬가지로 범죄 행위입니다. 컴퓨터가 대중화되면서, 컴퓨터 해킹은 신종 범죄로 떠올라 사회에 적지 않은 물의를 일으키고 있지요.

이처럼 컴퓨터로 다른 사람의 컴퓨터에 침입하는 사람을 해커라고 합니다. 하지만 처음부터 해커가 나쁜 것은 아니었어요. 해커는 원래 매사추세츠 공과 대학에서 사용하던 말로, '컴퓨터 소프트웨어 프로그램을 만드는 사람'이란 뜻이었습니다. 그러나 해커들 중 일부가 남의 컴퓨터에 침입해 범죄를 저지르면서 해커는 '범죄 행위를 저지르는 사람들'을 뜻하게 되었습니다.

 사상과 양심의 자유가 있어요

교황에 맞선 양초장이

중세 시대, 이탈리아의 도미니크 수도원에 브루노라는 수도사가 있었답니다. 책을 좋아하는 브루노는 수도원에 있던 장서를 읽으며 신앙심을 키우고 지식을 넓혀 나갔습니다. 정식 사제가 되어 나폴리 수도원으로 옮겨 간 이후에도 그는 독서를 게을리하지 않았지요. 당시 이탈리아는 르네상스(문예 부흥)의 시대로, 신의 권위와 위엄보다는 인간의 존엄성을 강조하는 사상이 등장하던 때였습니다. 브루노도 인간의 본성을 강조하는 인문주의에 관심을 갖기 시작해서 관련 서적들을 찾아 읽기 시작했답니다. 그 중에는 가톨릭 교 교황청과 수도원에서 못 읽게 하던 금서들도 있었지요.

그렇게 책에 빠져 지내던 어느 날이었습니다. 동료 사제가 급하게 브루노를 찾아와 이렇게 말했습니다.

"이보게, 브루노! 큰일났네."

"무슨 일인가, 천천히 말해 보게나."

"자네, 도대체 무슨 짓을 한 건가? 수도원장이 자네를 이단죄로

재판하려 한다네. 자네 책장에서 몹쓸 책이 나왔다면서 말이야."

"몹쓸 책이라니?"

"에라스무스의 책 말이야. 그것은 금서 아닌가. 금서를 읽으면 사형을 당한다는 사실을 몰랐나?"

"에라스무스의 책이 왜 몹쓸 책인가. 오히려 책을 못 읽게 하는 사람들이 몹쓸 사람이지."

브루노는 당당하게 말했습니다.

"어쨌든, 우선 피해 있게. 시간이 지나면 잠잠해지겠지."

결국 브루노는 수도원을 빠져 나와 로마로 피신했지만, 얼마 안 되어 자신이 사제 신분도 박탈당하고 살인자로 부당하게 고발되었다는 사실을 알게 되었습니다. 모두 수도원장이 꾸민 일이었지요. 브루노는 억울했지만 이제 평생 고향을 등지고 살 수 밖에 없었습니다.

그 뒤, 부르노는 세계 각지를 돌아다니며 인문주의를 알리고 독선과 탐욕에 빠진 교황청과 수도원을 비판했습니다. 그리고 이탈리아 어로 쓴 〈양초장이 2〉(1582년)라는 희극을 발표하여 당시 가톨릭 교회와 이탈리아 사회의 도덕적, 사회적 부패를 고발했지요.

그러다 보니 교황청에서는 브루노가 눈엣가시 같았습니다. 또, 브루노는 "우주는 지구를 중심으로 돈다(천동설)."는 교회의 교리 대신 "태양을 중심으로 지구가 돈다(지동설)."는 학설을 주장하여 더 큰 미움을 샀습니다. 태양이 아닌 지구가 움직인다는 지동설은 지금은 누구나 알고 있는 상식이지만, 가톨릭 교회의 교리를 따르던 중세 시대에는 신의 뜻을 정면으로 거역하는 주장이었거든요.

그러니 교황청에서 그를 가만히 둘 리 없습니다. 브루노는 로마로 끌려가 6년 동안 감금되었습니다. 교황청은 자신의 주장을 철회하고 교회의 뜻에 따른다면 모든 죄를 용서해 주겠다고 설득했으나, 브루노는 끝내 자신의 신념을 지켰습니다.

결국 자신의 신념을 굽히지 않은 브루노는, 수십만 명의 인파가 몰려든 로마의 캄포디피오리(꽃 광장)에서 교황과 추기경들이 지켜보는 가운데 화형당하고 말았답니다.

 ## 브루노는 왜 목숨을 걸고 신념을 지키려고 했을까요?

유럽의 중세 시대는 가톨릭 교가 세상을 지배하던 시기입니다. 가톨릭 교회가 큰 세력을 떨치던 것은 물론이고 교회와 반대되는 의견은 내리누르던 때였지요. 자유롭게 자신의 생각을 밝히고 싶었던 브루노에게는 참기 어려운 현실이었죠.

물론 자신의 의견을 겉으로 드러내지 않고 속으로 생각만 할 수도 있어요. 하지만 모든 사람들이 가톨릭 교회의 잘못된 주장을 속으로만 비난한다면 영원히 사상의 자유를 얻지 못하겠지요. 그래서 브루노는 자신의 목숨을 희생시키면서까지 옳은 일을 하고자 했던 것입니다. 브루노의 이런 노력으로, 현실을 왜곡하지 않고 있는 그대로 바라보는 사상과 양심의 자유가 좀더 앞당겨질 수 있었답니다.

 르네상스가 뭐예요?

르네상스란 15세기 경, 이탈리아에서 일어난 문예 부흥 운동을 말합니다. 르네상스는 '재생'이란 뜻을 가지고 있습니다. 그 동안 중세 시대를 지배해 왔던 가톨릭 교에서 관심을 돌려서, 고대 그리스 시대처럼 인간 본연의 모습에 관심을 갖자는 운동이었지요. 그래서 인간을 탐구했던 고전 학문과 그 가치에 대한 관심이 크게 높아졌답니다.

르네상스 운동은 여러 가지 형태로 나타났지만, 처음에는 인문주의라고 불린 지적 운동 형태로 나타났습니다. 여기서 인문주의란 인간의 본성을 주제로, 인간의 존엄성을 강조하는 운동입니다. 신의 교리로 인간을 보지 말고, 우리 인간들 자신의 눈으로 새롭게 인간을 보고 자유롭게 탐구하며 비판할 것을 주장했지요.

이 문예 부흥 운동은 그림, 글, 조각, 연극 등 표현할 수 있는 작품들을 통해 널리 알려졌으며, 인간의 사고와 창의에 새로운 자신감을 불러일으켰답니다. 브루노 또한 희곡을 쓰고 새로운 지식을 전파하여 인문주의 운동에 동참했지요.

자신의 뜻을 숨긴 코페르니쿠스

　브루노가 이야기했던 지동설을 제일 먼저 주장한 사람은 코페르니쿠스라는 폴란드의 천문학자랍니다. 코페르니쿠스는 천문학 외에도 그리스 철학과 의학, 교회법을 익히고 빈민에게 의술을 베풀어 큰 명성을 얻기도 했지요.

　그는 말년에 플라우엔부르크 성당의 신부로 취임했고, 그 곳에서 천체 관측에 몰두했답니다. 그러면서 지구를 중심으로 태양이 도는 것이 아니라 태양을 중심으로 지구가 돈다는 사실을 알게 되었지요.

　코페르니쿠스는 이 사실을 세상에 알리고 싶었습니다. 그러나 가톨릭 교 교리에 지구를 중심으로 태양이 돈다는 천동설이 버젓이 나오고 있으니 차마 말을 할 수 없었습니다. 무엇보다 종교 이단자가 되어 벌을 받는 것이 두려웠지요.

　결국 그는 말년이 되어서야 겨우 지동설을 발표할 마음을 먹게 됩니다. 그는 죽기 직전에야 자신의 지동설을 담은 책,《천체의 회전에 관하여》(1543년)를 받아보지요. 이 책은 천문학뿐 아니라 근대 과학을 형성하는 데도 큰 영향을 미쳤답니다.

종교의 자유가 있어요

나의 종교를 믿게 해 주세요

19세기 초, 우리 나라에 많은 서양 문물이 들어왔습니다. 그 가운데에는 서학이라 불리던 천주교도 있었습니다. 천주교는 사람의 자유와 평등을 주장했기에 당시 양반과 상민을 엄격히 구별하던 유교 사상에 불만을 갖고 있던 사람들의 관심을 끌었습니다.

"자네, 천주교라고 아나? 하느님을 믿는 종교인데, 하느님 앞에서는 양반, 상놈 구별 없이 모두 평등하대."

"나도 언뜻 들었는데 천주교 신도들은 직업의 귀천도 따지지 않고, 부자나 가난뱅이나 모두 공평하게 대한다는군."

많은 사람들이 신분의 높고 낮음 없이 모두가 평등한 인간이라고 주장하는 천주교의 사상에 마음이 흔들렸습니다. 하지만 양반들에게 천주교는 자신들의 신분을 위협하는 위험한 종교였죠. 결국 나라에서는 천주교를 불손한 종교로 여겨 법으로 천주교를 믿지 못하도록 금지했습니다. 그러나 사람들은 비밀리에 모여 천주교의 사상을 배웠습니다.

양반들은 이 소문을 듣고 몹시 불안해졌습니다.

"천주교를 믿는 사람들이 비밀리에 모임을 갖고 있다네."

"나도 들었어. 모임을 이끄는 사람이 우리 나라 신부라며?"

"뭐라고? 그럼 빨리 그 놈을 잡아야, 우매한 백성들의 마음을 현혹하는 못된 말을 하고 다니지 않을 게 아니야?"

양반들은 우리 나라 사람으로 신부가 된 사람을 잡으면 천주교가 무너질 줄 알고 그를 잡으려 혈안이 되었습니다. 그가 바로 우리 나라 사람으로는 처음으로 사제가 된 김대건 신부였습니다. 15세의 어린 나이로 외국에 나가 신학을 공부하고 돌아온 김대건 신부는 자신의 의지와 신념에 따라 천주교를 전파했습니다. 그러나 결국 관군에게 붙잡혀 감옥에 갇히는 신세가 되었지요.

그가 심문을 받던 날, 관가에는 양반들은 물론이고 많은 사람들이 모여들었습니다. 관리의 신문이 시작되었습니다.

"너희 천주교인들은 임금님보다 하느님이 높다는데, 네가 감히 조선의 백성으로서 어찌 그런 불손한 말을 할 수 있느냐?"

"임금이든 거지든 모든 사람은 하느님 앞에 평등하오. 나는 이웃을 사랑하고 가난한 자를 도와야 한다는 하느님의 가르침을 널리 알리고 실천하고 있을 뿐인데, 어째서 그게 죄가 됩니까?"

김대건 신부를 심문하던 관리는 잠시 할 말을 잃었습니다. 그의 말이 너무나 당연했기 때문이죠.

"너의 종교도 좋다만, 내가 믿는 유교도 이웃에 대한 사랑을 중요하게 여긴다. 유교도 좋은 종교 아니냐. 천주교를 믿는 것은 법을 어기는 것이니 천주교를 버리고 유교를 믿는 게 어떠냐?"

"당신은 내가 믿는 종교가 좋다고 하셨소. 그렇다면 내가 믿는 종교를 그대로 인정해 주는 것이 참다운 종교인의 자세가 아니겠소. 우리를 이렇게 죄인 취급할 이유가 없지 않습니까?"

관리는 더 이상 말을 잇지 못하고 신문을 끝냈습니다. 이 광경을 지켜본 많은 양반들은 김대건 신부가 결코 자신의 믿음을 꺾지 않으리라는 것을 알았습니다. 결국 김대건 신부는 1846년 9월, 새남터에서 형장의 이슬로 사라지고 말았답니다.

 ## 종교를 믿는 것이 죄가 되나요?

그렇지 않습니다. 오늘날 우리 나라는 모든 종교에 대한 자유가 보장되어 있답니다. 헌법 제20조에 "모든 국민은 종교의 자유를 가진다. 국교는 인정되지 아니하며 종교와 정치는 분리된다."라고 하여 종교의 자유를 보장하고 있지요. 하지만 옛날에는 나라에 따라 국교를 정해서, 국교 이외의 종교를 믿으면 죽임을 당하기도 했답니다.

 ## 조선에서는 왜 천주교를 박해했나요?

우리 나라에서 천주교는 가톨릭 교를 말하는 것으로, 임진왜란 때 소개되었으며 영조 때 해서와 관동 지방에 널리 퍼졌습니다. 처음 나라에서는 천주교를 묵인했으나, 제사를 반대한다고 해서 천주교를 박해하기 시작했습니다. 조상에 대한 효도를 무엇보다 중시하는 유교의 나라에서 가만히 두고볼 수 없다는 게 이유였지요. 그래서 왕은 천주교를 엄금했습니다. 하지만 더 중요한 이유는 천주교가 당시의 지배층인 양반에 대해 도전했기 때문이랍니다. 결국 천주교도들은 '나라를 원망하며 세상을 뒤바꾸고자 하는 무리들'로 규탄받으며 형장으로 끌려갔지요.

 ## 김대건 신부는 어떤 인물인가요?

김대건은 우리 나라 최초의 신부이자 순교자입니다. 충남 당진군의 양반 가문에서 태어난 그는 독실한 천주교 집안에서 자랐습니다. 그는 1836년에 프랑스 신부 모방에게서 안드레아라는 세례명으로 세례를 받고, 예비 신학생으로 선발되어 중국으로 유학을 갔습니다. 신학을 비롯하여 여러 가지 새로운 서양 학문과 프랑스어, 중국어, 라틴 어를 배웠답니다.

1842년 수업을 끝낸 다음 김대건은 천주교도에 대한 탄압이 계속되고 있는 고국으로 돌아왔죠. 그 뒤 한국 사람으로는 최초로 신부가 되었으며, 천주교를 전파하는 데 전념했답니다. 그러던 중, 백령도 부근을 답사하다가 체포되어 서울로 압송되었고, 25세라는 젊은 나이에 순교했지요. 그가 죽던 날, 형장에는 큰 천둥 소리와 함께 비가 억수같이 쏟아졌다고 전해집니다.

김대건 신부는 1984년에 한국 가톨릭 교 103인 성인의 하나로 선포되었습니다.

피를 부르는 종교 분쟁

　사전을 보면, 종교란 초인간적인 신을 숭배하고 믿으며 행복을 얻고자 하는 일이라고 합니다. 크리스트 교, 불교, 힌두 교, 이슬람 교 등은 각기 다른 신을 믿지만, 신을 통해 행복을 찾으려는 마음은 같지요. 그런데 이상하게도 다른 종교를 믿는다는 이유로 서로 미워하고 싸우는 사람이 많아요. 심지어 믿는 방식이 다르다며 같은 종교를 믿는 사람들끼리 싸우기도 한답니다.

　성지를 되찾겠다며 이슬람 교를 믿는 중동 지역으로 쳐들어간 유럽의 십자군 전쟁도, 신교도와 구교도의 대립으로 일어난 프랑스의 위그노 전쟁도, 이스라엘과 아랍 국가 사이에서 몇 번이나 일어난 전쟁도 종교 문제를 기본으로 깔고 있지요.

　종교 분쟁은 지금 이 순간에도 세계 곳곳에서 일어나고 있으며, 수많은 사람이 죽거나 다치고 있습니다. 왜 그럴까요?

　이런 폭력 사태는 종교만이 아니라 여러 가지 정치적, 경제적 문제도 얽혀 있어서 한마디로 정의 내릴 수는 없지만, 근본적으로는 남의 의사를 존중하지 못하는 폐쇄적 종교관 때문에 일어난 비극입니다. 나의 신을 사랑하는 것처럼 다른 사람이 그들의 신을 사랑하는 것을 받아들일 수 있다면 종교 분쟁도 한층 줄어들 텐데, 참 안타까운 일이 아닐 수 없습니다.

의사 표현의 자유가 있어요

폭력에 시들어 버린 백장미

제2차 세계 대전이 한창이던 독일 뮌헨, 한스 숄의 집 거실에 한스와 여동생 소피, 친구인 프롭스트, 그라프, 슈모렐이 모여 있었습니다. 한스가 어두운 표정으로 앉아 있다가 독일의 유명한 소설가이자 시인인 고트프리트 켈러의 시를 읽기 시작했습니다.

'어두운 동굴 속에서 도적이 나온다. 여기저기 기웃거리며, 그는 돈지갑을 좇는다. 그리고 그는 더 중요한 것을 보았다. 그는, 헛된 싸움을, 혼미한 지식을, 찢어진 깃발을, 겁에 질린 사람들을 보았다……'

이 시에는 제2차 세계 대전을 일으킨 장본인이자 죄 없는 유대인을 학살한 히틀러의 독재 정치에 저항하지 못하는 나약함을 부끄럽게 생각하는 마음이 담겨 있었습니다.

가장 나이 어린 소피가 눈물을 흘리며 말했습니다.

"이유도 없이 무수히 많은 사람들이 죽어가고 있어. 우리가 이걸 그냥 보고만 있어야 할까? 전쟁이 끝난 뒤 사람들은 말할 거야.

죄 없는 사람들을 죽이는 정부에 반항도 없이 살았느냐고."

"그래, 이렇게 살 수는 없어. 히틀러에 저항하자는 호소문을 뿌리고 담벽에 '히틀러 타도.'라고 써 붙이자. 비록 작은 일이지만 이것이 우리가 부끄럽지 않게 이 시기를 보내는 길일 거야."

동생의 눈물을 보며 한스가 말하자, 그의 친구들도 모두 고개를 끄덕였습니다. 그 뒤, 뮌헨 곳곳에 '백장미'라는 이름이 적힌 호소문이 뿌려졌고, 담벽에 "히틀러 타도!"라는 페인트 글씨가 씌어졌습니다.

히틀러 정권의 게슈타포(비밀 경찰)는 이 일이 몇몇 대학생들이 모여 벌인 일이라고는 생각하지 못했답니다. 왜냐 하면 광범위한 지역에서 이런 일들이 벌어졌고 뿌려진 호소문의 양도 많았기 때문이죠. 게슈타포는 백장미를 대규모 반란 조직으로 보고 수사를 벌였습니다. 하지만 사실 이처럼 많은 지역에서 호소문이 뿌려지고 담벼락에 "히틀러 타도!"라는 글이 씌어진 것은 백장미의 용기에 동조한 다른 이들이 참여했기 때문이었죠.

하지만 게슈타포의 수사가 계속되면서 결국 한스와 여동생 소피, 친구인 프롭스트가 백장미 사건의 범인으로 붙잡히고 말았습니다. 3명의 학생들은 국민 법정에서 사형을 선고받고 처형당했습니다. 본보기를 보인다는 명목이었지요.

3명의 어린 학생들이 처형당한 지 불과 며칠 뒤, 시내 곳곳에는 시민의 동요를 방지하기 위해 백장미 사건의 주범들을 처형했다는 내용의 붉은색 포스터가 나붙었습니다. 당시 뮌헨의 신문들도 한결같이 이 학생들에 대한 처형은 마땅한 일이라고 떠들어 댔습니다.

그러나 전쟁이 끝나고 난 뒤 학생들의 명예는 복원되었고 정의를 지지한 그들의 용감한 행동은 높게 평가받았습니다. 지금도 독일의 뮌헨 대학교에서는 해마다 2월 22일이 오면 한스 남매와 그의 친구들을 위해 추모제를 연답니다.

왜 한스 남매와 친구들이 사형을 당했나요?

한스 남매와 친구들이 한 일이 사형당할 만큼 큰 죄일까요? 그렇지 않습니다. 한스 남매와 그의 친구들은 자신이 옳다고 생각한 것을 다른 사람에게 알리려고 노력했을 뿐입니다. 그런데 당시 히틀러 정권은 자신들의 권력을 유지하기 위해 죄 없는 어린 학생들을 희생시킨 것이죠.

히틀러는 어떤 인물인가요?

히틀러는 독일의 정치가로 국가 사회주의당 나치의 당수입니다. 1933년 독일 총리에 오른 뒤, 정권을 독점하고 제2차 세계 대전을 일으킨 장본인이지요. 그는 독일의 정권을 잡자, 독일과 독일 점령지 내의 나치 반대 세력을 무력으로 무자비하게 탄압했습니다. 특히 그는 독일인 이외의 사람은 쓸모없는 종족이라고 생각했습니다. 그래서 유대 인을 비롯한 타민족 사람들을 보내, 집단 수용소에서 무려 600만여 명을 학살하는, 역사상 유례 없는 만행을 저질렀답니다. 결국 히틀러는 독일이 패전할 위기에 처하자, 스스로 자살하여 삶을 마감했지요.

게슈타포가 뭐예요?

게슈타포는 나치 독일의 비밀 경찰입니다. 1933년, 나치 당이 독일의 정권을 잡자, 내무장관이던 헤르만 괴링이 게슈타포를 창설했습니다. 그리고 이들에게 막대한 권력을 주어, 죄 없는 사람들을 감옥에 가두고 죽이는 일을 맡겼답니다.

이들은 '예방적 체포권'이라는 권리로 일반 법을 초월하여 활동했지요. 수많은 지식인, 유대 인, 노동 조합 운동가, 정치 성향의 성직자들이 게슈타포에게 체포된 뒤, 강제 수용소로 끌려갔습니다. 게슈타포는 제2차 세계 대전 동안 독일 및 점령지에서 정치적 활동을 억누르고, 유대 인과 그 밖의 선량한 사람들을 살해하여 악명이 높았답니다.

한 생명을 구하는 것은 전세계를 구하는 것

　독일인 오스카 쉰들러는 제2차 세계 대전이 일어났을 때, 나치를 지지한 당원이자 사업가입니다. 그는 포로 수용소에 수감된 유대 인을 무임금 노동자로 써서 큰 부자가 되었습니다.

　하지만 유대 인들이 이유 없이 죽어 가는 모습을 보면서, 그는 그들을 살리기로 결심합니다. 그는 전 재산을 들여, 자신의 고향인 체코에 공장을 세우는 데 필요한 노동력이라며 자신의 공장에서 일했던 사람과 그 가족 등 모두 1,100명의 유대인을 데리고 고향으로 갔지요. 일단 직접적인 나치의 손에서 벗어난 유대 인들은 체코의 공장에서 제2차 세계 대전이 끝날 때까지 인간적인 생활을 하게 됩니다.

　전쟁이 끝나고, 살아남은 유대인들은 자신들의 금이빨을 뽑아 만든 반지와, 전범으로 몰릴 쉰들러를 염려해 모두 서명을 한 진정서로 고마움을 표시했습니다. 반지에는 '한 생명을 구한 자는 전세계를 구한 것이다.'라는 탈무드의 글귀가 새겨져 있었죠. 이 반지를 받은 쉰들러는 더 많은 유대 인을 구하지 못한 것을 아쉬워하며 울음을 터뜨렸다고 합니다.

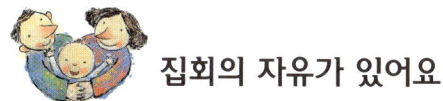 **집회의 자유가 있어요**

내 권리는 기병대도 못 막아

   1819년 8월 16일, 아직 민주주의가 제대로 정착하지 않았던 영국에서 일어난 일입니다. 맨체스터의 세인트피터스 광장에 많은 인파가 몰려들었습니다. 의회의 개혁을 요구하기 위해 6만여 명이나 되는 사람들이 모인 것이죠. 부녀자와 아이들도 참여한, 아무도 무장을 하지 않은 평화적인 시위였습니다.

   모인 사람들은 일제히 자신들의 주장을 외치기 시작했습니다.

   "의회는 귀족을 위해 존재하는 곳이 아니다!"

   "평민에게도 선거에 참여할 권리를 주어야 한다!"

   처음에 정부는 집회를 대수롭지 않게 여겼습니다. 정치 개혁가인 헨리 헌트가 집회를 하겠다고 신고를 했을 때만 해도 정부와 시 당국의 간부들은 별 고민 없이 회의를 열었지요.

   "집회에 몇 명이나 참여하겠어? 고작해야 백 명 정도겠지."

   "그럼 집회 허가를 해 줘도 되겠군. 별일이야 있겠나?"

   "하지만 무지하고 어리석은 평민들이 분위기에 휩쓸려 폭동이라도 일으키면 어떡하나?"

"생각해 보니 그렇군. 또, 허가해 주지 않아도 집회를 강행할지 몰라. 집회가 시작되는 즉시 주동자를 체포하도록 하세."

이렇게 헨리 헌트가 제출한 집회 신고는 거절당했습니다. 그래도 헨리 헌트를 비롯한 정치 개혁가들이 집회를 강행하기로 하자, 예상과 달리 엄청난 인파가 집회 장소에 몰려들었습니다. 그러자 시 당국의 간부들이 허둥대기 시작했습니다.

"이게 웬일이야? 왜 이렇게 많은 사람들이 몰려들지?"

"그러게 말야. 이래서는 주동자를 잡기는커녕 해산시키기도 힘들겠는걸."

"빨리 기병대를 투입해야겠어. 어서 명령을 내리게."

시 당국의 간부들이 허둥댄 것과 마찬가지로 기병대도 어떻게 해야 할지 몰랐습니다. 사람들이 너무 많았기 때문이죠. 당황한 기병대는 무장을 하지 않은 가엾은 사람들을 향해 총과 칼로 위협하기 시작했습니다. 이 광경을 본 정치 개혁가 헨리 헌트가 외쳤습니다.

"비폭력 시위를 총칼로 위협하고 있습니다. 여러분! 우선 자리를 피하세요. 여러분이 다쳐서는 안 됩니다."

그러나 이미 때는 늦었습니다. 기병대 병사들은 상대가 힘없는 여성과 어린아이라는 사실을 모르는 듯 총칼을 휘둘러 댔습니다.

"기병대 병사 여러분! 여러분도 우리처럼 평민입니다. 여러분의

부모, 형제 자매, 자식들이 여기에 있습니다. 저를 체포하겠다면 순순히 잡히겠습니다. 군중을 공격하지 마세요."

헨리 헌트가 목이 터져라 외쳤지만 기병대 병사들은 마치 제정신이 아닌 사람들처럼 군중에게 폭력을 행사했답니다.

기병대가 투입되고 10분이 지나자, 세인트피터스 광장에는 쓰러진 사람들만이 남았습니다. 이 날 사고로 500여 명이 다치고, 11명이 목숨을 잃었습니다.

훗날 사람들은 이 사건을 '피터루 사건'으로 불렀습니다. 그리고 이 사건은 후세 사람들에게 당시 영국 지배층의 비정함과 폭정을 상징하는 사건으로 기억되었습니다.

 ## 집회의 자유는 기본권의 하나입니다

집회의 자유가 기본권의 하나로서, 헌법상 보장되는 데에는 여러 가지 이유가 있습니다. 우선 사람들은 집회를 통해 공통의 목적을 가지고 의견을 교환합니다. 집단적으로 공통의 의견을 만들고 확인하며, 한 걸음 더 나아가 그것을 다른 사람에게 전달하는 것은 인간 본래의 자연스러운 행동입니다.

또, 집회는 개인이 정치 문제에 대해 개인의 사상과 의견을 표현할 수 있는 수단입니다. 따라서 민주 정치를 실현하기 위해서는 반드시 있어야 하는 조건이지요. 그래서 집회를 열 때, 공권력이 투입되거나 간섭하는 것은 소수의 인권과 이익을 방해하는 일이니 엄격히 금지해야 합니다.

 ## 기병대는 왜 집회를 방해했나요?

당시 영국은 경제가 극도로 나빴습니다. 일자리는 줄어들었고 물가는 높아서 많은 영국 시민들이 정부에 불만을 가졌지요. 게다가 정치가들은 자신들의 집권에만 관심을 가질 뿐, 시민들의 고통에는 무관심했습니다. 그래서 수많은 사람들이 자기 손으로 직접 올바른 정치인을 뽑기 위해 거리로 나섰던 것이죠.

대부분 귀족 출신인 당시 정치인들은 자신들의 이권을 잃고 싶어하지 않았고, 그래서 기병대를 불러 강제로 사태를 진압하려고 했습니다. 하지만 결국 이들은 오래지 않아 의회에서 쫓겨나게 되었고, 더 이상 집회에 참여했다는 이유만으로 사람을 다치게 하는 일을 할 수 없게 되었답니다.

 ## 지금은 집회의 자유가 보장되고 있나요?

　그렇습니다. 우리 나라 헌법에도 '공동의 목적을 가진 2인 이상의 다수인이 일시적으로 집회할 수 있는 자유와 자발적으로 계속적인 단체를 조직할 수 있는 자유(헌법 제21조 1항)'가 보장되어 있습니다. 그래서 집회 행동으로 집단의 의사를 표현할 수 있지요. 집단 행동은 커다란 정치적 효과를 가져올 수 있으며, 시민들에게 자신의 목소리를 낼 수 있는 의사 표현의 기회가 되기도 합니다.

정치 개혁가, 헨리 헌트

헨리 헌트는 영국의 정치 개혁가입니다. 전국을 돌아다니며 보통 선거와, 해마다 의회의 선거를 하자는 연설을 하여, '웅변가' 헌트라는 별명을 얻기도 했지요. 특히 맨체스터의 세인트피터스 광장에서 6만여 명이 의회 개혁을 주장하던 집회를 주관하면서 전국적인 주목을 받았답니다. 그러나 헌트를 비롯한 집회 주도자들을 체포하는 과정에서 일대 혼란과 폭력 사태가 벌어지는 사고가 일어났습니다. 헌트도 상처를 입지는 않았지만, 그가 쓰고 있던 흰색 모자가 칼로 구멍이 뚫렸지요. 그 뒤, 칼로 구멍이 뚫린 흰색 모자는 개혁의 상징물이 되었답니다.

그 날 체포된 헌트는 과격한 의견을 주장했다는 이유로 재판을 받고 2년 동안 복역했으며, 수감 중 교도소의 열악한 환경을 폭로한 《감옥소 엿보기》를 써서 더 유명해졌죠. 헌트가 의회에서 주도했던 개혁 운동은 1832년에 개혁법을 만드는 데 결정적인 역할을 했습니다.

 **투표할 권리가 있어요**

내게 투표할 권리를 주세요

　오늘날, 성인이 된 국민은 누구나 투표를 해서 국회 의원을 뽑을 권리를 갖고 있습니다. 하지만 100여 년 전만 해도 선거권은 소수의 사람들만이 가질 수 있는 권리였답니다. 19세기 초 영국에서도 사정은 마찬가지였죠. 자연히 노동자들의 불만이 쌓여 갔습니다.

　"우리 지역구를 대변할 사람을 왜 우리가 뽑을 수 없는 거야?"

　"가난한 노동자라고 인간 취급도 하지 않으니 그렇지."

　"우리가 정당한 권리를 행사하려면 행동이 필요해! 자네 차티스트라고 들어 봤나?"

　"노동자들이 선거권을 갖도록 하자는 운동 말인가? 알고말고. 나도 그 운동에 동참하려는 참이라네."

　노동자에게도 선거권을 달라는 차티스트 운동이 벌어지자, 많은 노동자들이 이에 호응했답니다. 이 운동을 통해 노동자들은 의회에 6가지 항목의 권리를 요구했습니다. 우선 모든 남성에게 선거권을 줄 것, 선거구를 공정하게 정할 것, 비밀 투표를 보장할 것,

선거는 해마다 열 것, 의원에게 그에 합당한 보수를 지급할 것, 의원 후보의 재산 자격을 제한하는 제도를 폐지할 것을 주장했지요. 오늘날에는 모두 보장되는 조건들이지만 그 당시만 해도 이런 요구 사항들은 파격적인 주장이었습니다.

"선생님, 의회가 정말 우리의 주장을 받아들일까요?"

운동에 참여한 한 노동자가 차티스트 교장 선생님으로 불리던 오브라이언에게 물었습니다. 오브라이언은 변호사인데, 런던에서 개업하기 위해 왔다가 노동자들이 선거권을 요구하는 차티스트 운동에 참여하게 된 사람이었습니다.

"쉽지는 않겠지. 하지만 언젠가는 반드시 이루어질 것일세."

"하지만 어차피 국회 의원도 귀족이나 부자들인데 정말 들어줄까요?"

"물고기가 살려면 물이 있어야 하는 법이네. 물고기와 물은 절대로 떨어질 수 없지. 마찬가지로 한 지역의 대표가 되려면 그 지역 주민들의 지지가 필요해. 주민들의 대부분이 노동자이고 농민인데, 물 없이 물고기가 살 수 있겠나? 그들도 결국 우리 손을 들어 줄 수밖에 없다네."

의회는 끈질기게 노동자들의 요구 조건을 무시했습니다. 하지만 결국 몇 년 뒤, 오브라이언의 말처럼 노동자들의 요구 조건들은 모두 받아들여졌습니다. 소수의 귀족과 부자들이 차티스트 운동을 무시하는 데는 성공했지만, 노동자가
선거권을 갖게 되는 역사적인 흐름에
맞서지는 못했던 것이지요.

 ## 주민의 대표를 주민들의 손으로 뽑지 못했다고요?

　지금처럼 주민들이 직접 자신의 대표를 뽑기 시작한 지는 불과 100여 년밖에 안 되었답니다. 그 전에는 주민의 대표도 왕이 뽑았어요. 이렇게 된 데에는 서양의 봉건 제도에 그 원인이 있습니다. 예부터 서양 유럽에서는 왕이 있고, 그 왕에게 충성심을 바치는 대가로 영지를 받고 다스리는 귀족이 있었습니다. 귀족은 왕에게만 충성을 바치면 자신이 다스리는 영지 안에서는 왕이나 다름없는 권리를 행사할 수 있었습니다. 그 영지 안에서 농노들은 귀족의 보호를 받는 대신 충성과 노동력, 식량 등을 바쳐야 했지요. 거주의 자유 같은 것도 거의 없었기 때문에 이들을 '농노'라고 불렀을 정도였습니다. 이런 전통이 있었기 때문에 귀족이나 부자들은 우매한 평민들을 지켜 주고 대변하는 사람은 자신들처럼 재산이 많고 배운 것이 많은 사람이어야 한다고 생각했습니다. 그렇다면 노동자들이 투표할 것이 아니라 왕이나 의회에서 의논해서 주민의 대표를 선정하면 되리라고 생각했던 것이지요. 하지만 세월이 흐르면서 노동자들의 의식이 성장하고 자기 권리를 주장하게 되자, 이런 사람들의 생각은 차차 바뀌게 되었답니다.

 ## 오브라이언은 어떤 인물인가요?

오브라이언은 아일랜드 태생의 영국인입니다. 노동자들의 차티스트 운동을 이끈 사람들 중 한 명으로, '차티스트 교장 선생님'으로 불리었죠. 변호사였던 그가 노동자 편에 선 것은 영국에서 변호사로 개업하기 위해 런던으로 이주하면서부터였답니다. 비참한 영국 노동자들의 모습을 보면서, 변호사로서의 임무보다는 노동자들의 권리를 지키는 일이 더 중요하다고 생각한 것이죠. 나중에는 노동 계급 언론에 몸담아 〈가난한 자의 파수꾼〉이란 잡지의 편집을 맡았고, 말년에는 정치적 내용을 담은 시를 쓰기도 했습니다. 오브라이언말고도 차티스트 운동을 주도한 사람들에는 '인민 헌장'의 초안을 작성한 러벳, 오코너 등이 있습니다.

여성의 선거권은 언제부터 보장되었나요?

차티스트 운동은 남성 노동자의 선거권을 위한 투쟁이었습니다. 여성의 선거권은 보장되지 않았지요. 당시에는 여성의 사회적 지위가 굉장히 낮았습니다. 여성의 선거권은 19세기에 이르러서야 쟁점이 되었으며, 특히 영국과 미국에서 선거권을 얻기 위한 여성들의 노력이 아주 치열하게 벌어졌습니다. 그러나 전국적으로 여성의 선거권이 가장 먼저 인정된 국가는 영국과 미국이 아니라, 뉴질랜드(1893년)였답니다.

우리 나라 여성의 선거권은 1898년 서울 북촌의 부인들이 발표한 〈여권통문〉에서 최초로 주장되었습니다. 프랑스 혁명의 천부 인권 사상을 바탕으로, 여성들이 문명, 개화 정치를 수행하는 데 참여하겠다는 의지를 천명한 것이지요. 우리 나라 여성 참정권 운동의 효시로 볼 수 있습니다.

공식적으로 우리 나라에서 여성의 선거권이 보장된 것은 1958년 1월 25일, '민의원 의원 선거법'과 '참의원 의원 선거법'이 공포되면서부터입니다. 여성은 민의원과 참의원의 선거권과 피선거권을 갖게 됨으로써, 남성과 대등한 지위를 갖게 되었지요.

인권에 성 차별은 없어요

남자냐 여자냐, 그것이 문제로다

　고대 아테네의 3대 비극 작가 중 한 사람으로 꼽히는 아이스킬로스의 《오레스테이아》라는 비극을 아세요? 이 연극은 고대 그리스 신화를 다룬 것이랍니다. 연극 중에 주인공인 오레스테스가 재판을 받는 장면이 나옵니다.

　재판장은 지혜의 여신 아테나, 죄인으로 심판을 받게 된 사람은 오레스테스입니다. 복수의 여신들이 오레스테스의 죄를 물었고, 태양의 신 아폴로가 변호를 맡았습니다. 아테네의 시민들은 죄를 판단하는 배심원 역할을 맡았습니다.

　먼저 복수의 여신들이 오레스테스의 죄상을 말했습니다.

　"오레스테스는 자신의 어머니를 죽였습니다. 비록 어머니가 아버지를 죽였다고는 하나, 그가 어머니를 죽일 권리는 없습니다. 오레스테스는 마땅히 벌을 받아야 합니다."

　이에 대해 아폴로는 다음과 같이 오레스테스를 변호합니다.

　"오레스테스가 자신의 어머니를 죽인 것은 사실입니다. 그러나 오레스테스가 죽인 것은 어머니가 아니라 아버지를 죽인 살인자입니다. 그의 어머니는 남편을 죽인 순간 어머니로서의 위치를 스스로 소멸시킨 것이나 다름없으니, 오레스테스에게 죄를 묻는 것은 부당합니다. 그리고 이미 오랫동안 어머니를 죽였다는 사실 때문에 고통스러운 나날을 보내 온 그에게 더 이상 죄를 물을 필요는 없다고 봅니다."

이 기가 막힌 사건의 진상은 무엇일까요? 오레스테스의 아버지인 아가멤논은 미케네의 왕이자, 트로이 전쟁을 승리로 이끈 명장입니다. 그런데 아가멤논은 트로이 전쟁에서 승리하기 위해 딸인 이피게네이아를 신에게 제물로 바칩니다. 트로이로 향하는 바닷길에 순풍을 얻기 위해서였죠. 아가멤논의 아내 클리템네스트라는 자신의 딸을 희생양으로 삼으려는 남편을 말렸습니다.

"여보, 어떻게 딸을 제물로 바치죠? 당신이 제 정신인가요?"

"그렇지 않소. 만약 내 딸을 제물로 바치지 않는다면 우리 배는 난파당하여 모두 죽게 될 거요. 많은 사람들이 죽는 것보다는 한 사람이 희생하는 것이 낫지 않겠소?"

"그렇지 않아요, 여보. 전쟁에 나가지 않으면 어느 누구도 희생당하지 않겠죠. 제발 이번 전쟁을 포기하세요."

그러나 아가멤논은 아내의 반대를 뿌리치고 딸을 제물로 바치고 말았답니다. 클리템네스트라는 눈물을 흘리며 딸의 운명을 슬퍼했고, 남편을 원망했습니다. 게다가 아가멤논이 트로이 전쟁에

서 승리한 뒤 트로이의 왕녀 카산드라를 데리고 돌아오자, 그녀의 분노는 하늘을 찌를 정도였죠. 결국 클리템네스트라는 미케네 성으로 돌아온 아가멤논을 살해했습니다. 이러한 전후 사정을 몰랐던 아들 오레스테스는 그저 어머니가 아버지를 죽였다는 사실만으로 어머니를 죽였습니다. 비극의 가족사라고 할 수 있죠.

배심원들도 이런 사정을 몰랐던 것은 마찬가지였습니다. 그러나 어머니를 죽인 죄 자체는 분명한 사실이기 때문에, 배심원 중 절반이 오레스테스에게 유죄 판결을 내렸습니다. 이제 판결은 재판의 신인 아테나의 몫이었죠. 만약 배심원들의 판결이 반반으로 나뉘면 재판장의 한 표가 판결을 결정짓기 때문입니다.

재판장인 아테나는 오레스테스에게 무죄를 선고했습니다. 어머니를 죽인 죄보다 남편을 죽인 죄가 더 크기 때문에 어머니를 죽인 오레스테스의 행동이 정당하다고 본 것이죠.

 ### 아테나는 왜 무죄를 판결했나요?

　아들이 어머니를 죽인 죄보다 부인이 남편을 죽인 죄를 더 큰 죄로 보았기 때문입니다. 그럼 만약 클리템네스트라가 남편의 승리를 위해 자신의 딸을 죽이고, 아가멤논이 그런 아내를 죽였다면 어땠을까요? 또, 그런 아버지를 오레스테스가 죽였다면 어떻게 되었을까요? 아마 아테나는 오레스테스에게 사형 판결을 내렸을 겁니다. 이유는 역시 남성을 여성보다 중요하게 여겼기 때문입니다.

 ### 여성 차별은 아주 오랜 옛날에만 있었나요?

　그렇지 않습니다. 여성 차별은 100년 전 만해도 흔한 일이었습니다. 주민의 대표를 뽑는 투표의 권리도 남성만 가졌을 뿐, 여성에게는 없었지요. 여성은 법적 권리, 경제적 권리, 사회적 신분의 권리 등 모든 부분에서 남성들에 비해 불이익을 당했습니다. 여성은 사회 생활도 제대로 할 수 없었고, 교육을 받을 권리도 없었습니다. 그저 집안에서 살림이나 하는 존재라고 생각되었지요. 지금도 여성은 남성과 똑같은 일을 해도 더 적은 임금을 받는 일이 흔합니다.

 **세계 여성의 날을 기념해요**

3월 8일은 '세계 여성의 날'입니다. 1910년, 독일의 노동 운동 지도자인 클라라 제트킨이 제창하여 시작되었지요. 이 날을 세계 여성의 날로 정한 것은, 두 가지 사건을 기념하기 위해서입니다. 우선 첫 번째 사건은 1857년 뉴욕 시에서 일어난 것으로, 섬유와 의류 공장의 여직공들이 작업 조건을 개선하고 임금을 인상해 줄 것을 요구한 일이었습니다. 이 때 시위를 진압하는 과정에서 격렬한 충돌이 일어나 많은 사람들이 다쳤지요. 두 번째 사건은 1908년에 수천 명의 미국 봉제 산업 여종업원들이 미성년자 노동 금지와 여성 선거권까지 포함한 요구 조건을 내세워 시위를 한 일입니다. 두 가지 사건 모두 미국의 여성 노동자들 스스로가 일하는 여성의 노동 조건을 개선하고 여성의 지위를 향상시켜 줄 것을 요구한 사건입니다. 세계 여성의 날은 바로 이 날 벌인 여성들의 행동을 기념하는 날로, 해마다 3월 8일이 되면 전세계에서 여성들의 권리를 보호하고 신장하기 위한 각종 행사를 연답니다.

여성 차별을 없애기 위해 세계가 노력해요

　1979년, 130개 국가가 참여한 국제 연합에서 세계 모든 나라들이 여성 차별을 없애는 노력을 함께 하자는 조약을 맺었습니다. 국제 연합은 이미 1967년에 개최한 총회에서, 성 차별 철폐 선언을 채택했지요. 하지만 오랜 세월에 걸쳐 굳어진 인습과 생활 양식을 선언만으로 고치기란 쉽지 않았습니다. 그래서 강력한 실천을 이끌어 내기 위해 조약을 맺게 된 것이죠.

　이 조약은 찬성 130개국, 반대 0개국, 기권 11개국이라는 압도적 다수로 가결되었답니다. 주요 내용으로는 우선 남녀를 평등하게 대할 것, 여성이 발전할 수 있도록 법적으로 보장할 것, 모성을 보호하기 위한 조처를 취할 것, 투표권을 가질 것, 교육과 노동의 기회를 가질 것, 임금 등을 평등하게 받을 것 등을 다루고 있으며, 이 의무를 실천할 것을 약속하고 있지요.

 **노인도 보호받을 권리가 있어요**

아빠가 병들면 쓸 지게예요

　아주 오랜 옛날, 험한 산기슭에 한 가족이 살고 있었습니다. 늙은 아버지와 젊은 아들 부부, 이 아들이 낳은 손자가 단란하게 살고 있는 이 가족은, 비록 먹을 것이 풍족하지 않아 살림이 쪼들려도 늘 웃음소리가 끊이지 않을 만큼 행복했습니다.

　그런데 이들이 살고 있는 고을에는 이상한 풍습이 있었습니다. 그것은 부모가 일할 기력이 없어지면 부모를 산에 버리는 풍습이었죠. 인간으로 태어나 할 일이 아니었지만, 가난한 이들은 일도 못 하는 사람까지 먹일 재간이 없었기에 어쩔 수 없이 이 풍습을 따랐습니다.

　그러던 어느 날이이었습니다. 늙은 아버지가 일을 하다가 쓰러졌는데, 쉽게 일어나지 못했습니다. 아들은 크게 걱정했습니다. 혹시 마을 사람들이 병든 아버지를 보게 되면 마을의 풍습을 따르라고 자신을 다그칠 테니까요.

　"아버지, 제발 일어나세요. 그래야 손자 재롱도 더 보시고, 또

저희랑 오순도순 재미있게 사셔야죠."

아들은 아버지를 붙잡고 이렇게 말했지만 아버지는 고개를 저었습니다.

"얘야, 이젠 내 기력이 다한 것 같구나. 내가 내 아버지에게 그랬던 것처럼 너도 어서 날 산에다 버리렴. 그게 우리 모두가 살 길이란다."

아버지의 대답에 아들은 펑펑 울기만 했습니다.

얼마 뒤, 아들은 자신의 아이와 함께 늙은 아버지를 지게에 지고 산으로 올라갔습니다. 마음 속에서는 한없이 눈물이 흐르고 있었지만 자식 앞에서 울 수는 없었지요. 깊은 산 속에
들어서자 아들은 아버지를 지게에서 내려놓고 이를 악물고 발길을 돌렸습니다. 한참을 내려왔을 때 아들은 자기 아이가 지게를 갖고 내려오는 것을 알아차렸습니다.

"아니 애야, 버리고 온 지게를 왜 다시 들고 왔니?"

그러자 아이가 당연하다는 듯 이렇게 말했습니다.

"아버지가 늙어 병들게 되면 지게가 다시 필요해질 테니까요."

"……!"

아이의 말을 들은 아들은 눈앞이 아득해지면서 가슴이 꾹 메였습니다.

아들은 깊은 산 속으로 다시 들어가 늙은 아버지를 모셔 왔습니다. 그리고 병든 아버지를 극진하게 간호하며 오래도록 함께 살았답니다. 이 이야기가 마을에 퍼지자, 마을에서도 병든 노인을 산에 버리는 고약한 풍습이 점차 사라지게 되었답니다.

 **부모를 버리는 풍습이 정말 있었나요?**

나이 많은 노인들을 산에다 버리는 설화는 세계 곳곳에서 전해져 옵니다. 이를 '기로 전설'이라고 하는데 실제로 이런 일이 있었는지는 밝혀지지 않았죠. 우리 나라에서도 '고려장'이라 하여 고려 시대에 이런 풍습이 있었다고 알려져 있지만, 사실이 아니라는 설이 더 유력합니다. 우리와 생긴 것도 비슷하고 사는 곳이 가까웠던 퉁구스 족, 몽골 족 같은 시베리아 종족 가운데 이런 풍습이 있었기 때문인 듯싶습니다.

그러나 오늘날 우리 나라에는 '신고려장'이라고 하여 나이 든 부모를 버리는 일들이 종종 신문 기사로 나기도 합니다. 먹고살기가 어렵다며 나이 든 부모를 양로원에 맡기는 경우도 흔하지요.

 **버려지는 노인 문제를 해결할 방법은 없나요?**

최근 우리 나라에서는 가족으로부터 버림받는 노인들의 문제가 심각한 사회 문제로 대두하고 있습니다. 달마다 평균 230명의 노인들이 버림받는다는 통계도 있답니다. 그렇다면 스스로 생계를 꾸려나갈 수 없고, 자식들로부터도 부양받을 수 없는 노인들의 문제를 어떻게 해결해야 할까요?

국민의 노후 문제는 개인의 문제이기도 하지만 국가의 문제이기도 합니다. 그래서 여러 나라들은 각종 사회 보험과 연금 제도를 만들어 사람들이 각자의 노년에 대비할 수 있도록 돕고 있답니다.

가장 부유한 나라의 버려진 노인들

　19세기 경에 가장 부유한 나라였던 영국에서도 버려지는 노인들이 많았답니다. 정치가들은 이런 현실을 전혀 모르고 자신의 나라가 세계에서 가장 잘 사는 나라라고 자랑하고 다녔지요.

　영국의 사회학자이자 통계학자였던 찰스 부스도 이를 증명하기 위해서 런던 주민을 대상으로 오랫동안 실태 조사를 벌였습니다. 그러나 조사 결과, 런던 주민 가운데 35퍼센트가 절대 빈곤층이며, 가족으로부터 버림받은 노인들의 문제가 아주 심각하다는 뜻밖의 사실을 알게 되었습니다.

　부스는 산업화의 문제점을 뼈저리게 느꼈습니다. 그는 노인 문제를 해결하기 위해 노인 연금을 지급할 것을 주장했고, 이로 말미암아 드디어 1907년 영국에서 양로 연금법이 제정되었답니다. 또, 부스는 총 17권이나 되는 《런던 주민의 생활과 노동》이라는 책을 썼는데, 이 책은 산업 사회의 문제점을 일깨워 준 저서로 크게 평가받았지요.

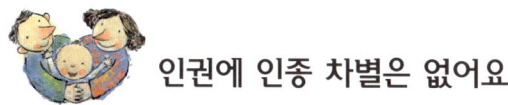 **인권에 인종 차별은 없어요**

나에게는 꿈이 있습니다

1950년대 미국의 애틀랜타에 이상한 일이 벌어졌습니다. 흑인들이 버스를 타지 않고 걸어 다녔기 때문입니다. 이것은 한 흑인 여성이 버스 앞자리에 앉았다가 인종 분리법을 위반했다며 체포된 사건 때문에 일어난 일이었습니다. 당시 버스의 앞자리는 백인만 앉을 수 있었거든요. 흑인들은 버스 안 타기 운동으로 조용히, 그러나 끈기 있게 인종 차별에 대한 부당함과 맞섰던 것입니다.

"도대체 언제까지 흑인들이 버스를 타지 않는 거야?"

"버스 어느 자리나 앉을 수 있을 때까지 한다던데?"

"버스 앞자리는 백인들 자리잖아. 흑인들은 뒷자리에 앉으면 될 텐데 법을 바꾸자는 거야, 뭐야?"

"말도 안 돼! 도대체 이 시위를 이끄는 사람이 누구야?"

"어떤 흑인 목사래. 그나저나 이러다 회사 문 닫게 생겼어."

1년 넘게 이 시위가 계속되자 결국 버스 회사 사장들은 두 손을 들고 말았습니다. 그리하여 흑인도 백인처럼 버스 어느 자리에서

 나 앉을 수 있게 되었습니다. 이 '버스 안 타기' 시위를 이끈 사람이 바로 마틴 루터 킹 목사입니다.

 당시 미국은 노예 해방이 선언된 지 100년 가까이 되었는데도, 흑인에 대한 차별이 여전히 남아 있었습니다. 버스 안에서 흑인과 백인이 앉을 자리가 따로 있는 것은 물론이고, 흑인 아이는 백인 아이와 같은 학교를 다니지도 못할 정도였죠.

 그런 상황에서 킹 목사가 주도한 흑인 인권 운동은 큰 호응을 불러일으켰습니다. 1963년 8월, 미국 워싱턴의 에이브러햄 링컨의 동상 앞에 수만 명의 흑인들이 모여 있는 가운데 킹 목사는 백인과 흑인이 하나가 될 것을 호소했습니다.

 "나에게는 꿈이 있습니다. 언젠가 이 나라가 모든 인간이 평등하게 태어났다는 것을 자명한 진실로 받아들이고, 그 진정한 의미

를 신조로 살아가게 되는 날이 오리라는 꿈입니다. 나에게는 꿈이 있습니다. 조지아에서 미시시피 주와 앨라배마 주에 이르기까지, 옛날 노예의 아들들이 옛날 노예 주인의 아들들과 함께 형제처럼 사는 꿈입니다. 나에게는 꿈이 있습니다. 백인 어린이가 흑인 어린이와 형제 자매처럼 손을 잡는 꿈입니다. 나에게는 꿈이 있습니다. 내 아이가 내 젊은 시절의 것과 같은 것을 겪지 않고, 피부색 대신 인격으로 평가받는 꿈입니다. 나에게는 꿈이 있습니다. 모든 사람은 평등하게 태어났고, 창조주로부터 생명, 자유, 행복 추구 등 양도할 수 없는 권리를 받았다는 제퍼슨의 말을 인정하게 되는 꿈입니다."

킹 목사가 이 날 한 연설은 미국인들에게 인종 차별 문제의 심각성을 일깨우는 역할을 했습니다. 이 집회 장면은 전세계로 방영되었고, 인류의 미래에 강한 확신과 용기를 주었지요.

이듬해, 전세계는 킹 목사의 비폭력주의 인권 운동의 공로를 인정하여 노벨 평화상을 수여함으로써 그에게 경의를 표했습니다.

 **인종 차별이 뭐예요?**

인종이란 피부색, 머리색, 체형 같은 생물학적 특성에 따라 집단을 분류한 것입니다. 가장 대표적인 것이 피부색에 따라 황인종, 백인종, 흑인종으로 나누는 것이지요. 인종 차별은 인종별로 다르게 생겼다는 이유만으로 차별하는 것을 말하는데, 주로 백인종에 의한 황인종, 흑인종 차별이 많습니다. 이것은 백인종이 사는 유럽에서 산업화를 통해 자본을 축적하고 무력을 앞세워 흑인종과 황인종의 나라를 정복하여 식민지로 삼아 온 데서 비롯합니다. 백인종은 아프리카와 아시아의 나라들을 무력으로 정복하면서, 황인종이나 흑인종을 열등한 인종으로 여겼습니다. 그래서 흑인종이나 황인종 사람들을 고향에서 강제로 끌고 와 노예로 부리기까지 했지요. 단지 생김새가 다르고 문화가 다르다는 이유 때문에 말입니다. 그러나 이것은 잘못된 일입니다. 사람들은 다 나름대로 고유한 문화와 생활 풍습을 가지고 있는데, 그것이 아무리 자신의 것과 다르다고 해서 남을 차별하고 무시해서는 안 되는 일이지요. 특히 사람의 생김새를 가지고 그 사람을 경멸하거나 멸시하는 것은 매우 부끄러운 짓입니다. 그런데 민주주의가 발전했다는 미국에서조차도 인종 차별 문제가 지금까지 해결되지 않고 있답니다. 킹 목사의 노력에도 불구하고 인종 차별 문제는 미국의 가장 큰 사회 문제로 자리잡고 있지요.

 ## 마틴 루터 킹 목사는 어떤 분인가요?

킹 목사는 1950년대 중반부터 미국 흑인의 인권 운동을 이끈 분입니다. 킹 목사는 독실한 침례교 집안에서 태어나 신학교를 다니며 간디의 비폭력 철학과 현대 프로테스탄트 신학자들의 사상에 큰 영향을 받았습니다.

그는 1963년 워싱턴에서 흑인의 비폭력적인 투쟁을 주도하기 위해 '남부 그리스도교 지도자 회의'를 조직하면서 전국적으로 유명해졌죠. 1968년 4월 테네시 주의 멤피스 시에서 흑인 청소부의 파업을 지원하다가 암살당하기까지, 흑인이 백인과 동등한 시민권을 얻기 위한 '공민권 운동'의 지도자로 활약했답니다. 1964년에는 이러한 공로가 인정되어 노벨 평화상을 받았죠.

오늘날 미국인들은 미국 역사상 가장 위대한 인물 중의 하나로 그를 꼽고 있으며, 미국 의회는 킹 목사를 기리기 위해 1월 셋째 주 월요일을 '마틴 루터 킹 데이'라는 국경일로 지정했답니다.

책이 나의 학교입니다

　킹 목사와 함께 흑인 인권 운동을 주도한 사람 중에는 맬컴 엑스도 있습니다. 맬컴 엑스 역시 흑인 인권 운동을 벌이다가 암살당했습니다. 암살된 다음, 《뿌리》라는 소설로 유명한 알렉스 헤일리가 쓴 《맬컴 엑스 자서전》이 널리 읽혀지면서 흑인 청년들 사이에서 사상적 영웅으로 떠오르게 되었죠.

　맬컴 엑스는 킹 목사와는 달리 가난하고 불행한 어린 시절을 보냈으며, 물건을 훔친 죄로 감옥에 들어가기도 했습니다. 하지만 감옥소는 그에게 새로운 삶과 흑인들의 비참한 현실을 깨닫게 해 주었어요. 그는 감옥소의 도서관에서 수많은 장서를 읽으면서, 흑인 인권 운동을 벌이기로 굳게 결심했답니다. 맬컴 엑스는 자신에게 신념을 준 것이 무엇인지 절대 잊지 않았습니다.

　그가 출감한 뒤 인권 운동을 벌이고 있을 때의 일입니다. 한 기자가 "당신은 어느 학교 출신이냐?"라고 묻자 그는 유명한 대답을 합니다. 그것은 바로 "책이요."라는 대답이었지요.

 개인이 희생되어서는 안 돼요

사랑을 짊어진 붉은 십자가

    19세기 중반, 은행원인 한 스위스 청년이 아프리카로 파견 근무를 나갔습니다. 그의 이름은 앙리 뒤낭. 유복한 가정에서 태어난 남부러울 것 없는 청년이었죠. 그러나 아프리카의 알제리에 도착한 뒤낭은 상상하지도 못했던 상황과 부딪치게 됩니다.

    시내 곳곳에 구걸하는 어린아이들이 가득했고, 집들은 다 허물어져 살 수 없는 곳이 대부분이었습니다. 전쟁이 끊이지 않았던 세계 정세 탓에 애꿎은 피해를 입은 탓이지요. 뒤낭은 아프리카 주민들의 비참한 모습을 보고 충격을 받았습니다.

    '이들에게 무엇인가 기여할 수 있는 일을 찾아야겠어.'

    뒤낭은 곧바로 은행을 그만두고 부모에게 물려받은 재산과 은행원으로 일하면서 번 돈으로 제분 회사를 차렸습니다. 알제리 사람들에게 일자리를 주기 위해서였죠. 하지만 그의 사업은 번창하지 못했습니다. 물건을 팔기 위해서는 유럽에 선이 닿아야 했는데 그에게는 뚜렷한 인맥이 없었습니다. 그래서 그는 사업권을 따내

기 위해, 프랑스의 국왕 나폴레옹 3세가 머무르고 있는 이탈리아로 건너갔습니다. 그런데 당시 이탈리아는 통일 전쟁이 한창이었기 때문에 나폴레옹 3세를 만나는 일도 쉽지 않았습니다. 대신 그는 아프리카에서 보았던 비참한 모습을 이 곳에서도 보게 되었습니다. 전쟁 때문에 수천 명의 부상자가 생겼는데, 그들은 아무런 보호도 받지 못한 채 길거리에서 죽어 가고 있었습니다. 특히 솔페리노의 전쟁은 가장 격렬했던 전투인 탓에 그 피해 상황이 더욱 심각했습니다.

 '회사보다 우선 부상자들을 살리자. 부상자들을 돕는 일이 더 급해.'

뒤낭은 이탈리아에 온 목적은 뒤로 한 채, 솔페리노의 전쟁 부상자들을 돕는 일에 앞장서게 되었습니다. 그는 적군과 아군을 떠나서 부상당한 사람들을 돕기 시작했고, 많은 뜻 있는 사람들 또한 그의 구호 활동을 도왔습니다. 뒤낭은 부상자들을 돌보면서 전쟁 부상자들을 돌보는 간호 요원들의 필요성을 절감했습니다.

전쟁이 끝난 뒤, 그는 이 때의 경험을 바탕으로 《솔페리노의 회상》이라는 책을 쓰면서, 인종과 종교에 상관 없이 전쟁시나 평화시의 고통을 미리 막기 위해 모든 나라에 자발적인 구호 단체를 세우고, 전쟁 부상자들에 관한 조항이 들어간 국제 조약을 맺을 것을 제안했습니다.

"전쟁의 목적이 무엇이든지 간에, 그로 인해 희생당하는 사람들을 돌보는 일은 사람이 마땅히 해야 할 일입니다. 전쟁 그 자체를 막는 것이 최선의 길이지만, 전쟁이 일어날 수밖에 없다면 최선의 처방책은 부상자들을 돌보는 모두의 노력입니다."

그의 호소는 많은 사람들의 지지를 이끌어 냈습니다. 그리하여 1863년에 '국제 적십자 위원회'가 창립되고, 다음 해에 적십자 조약(제네바 조약)이 체결되었습니다. 각 나라에서도 전쟁시 부상자들을 구하는 군 위생 부대의 보조 기관으로 적십자사를 설립하고, 이들에게 중립적 지위와 국제적 보호를 약속했습니다.

1901년, 뒤낭은 박애 정신과 평화에 기여한 공로가 인정되어 제1회 노벨 평화상을 받았답니다.

 ## 전쟁 중에 왜 개인의 인권을 보호해야 하나요?

　국가와 국가가 싸우는 전쟁은 많은 희생자를 낳습니다. 목숨을 걸고 싸우다 보니 병사들은 부상당하고, 무고한 시민들도 목숨이나 재산을 잃는 피해를 입게 되지요. 그러나 그런 상황을 그냥 내버려 둘 수는 없는 일입니다. 전쟁과 상관 없는 선량한 사람들이 마냥 희생당할 수는 없지요.

　전쟁 자체를 피하는 것이 인류를 위해 가장 좋은 일이지만 여러 가지 현실적인 이유 때문에 전쟁이 일어날 수밖에 없다면, 그 피해를 최소한으로 줄이려는 노력이 필요합니다. 그래서 전쟁 중에 어느 편도 들지 않고 중립적인 위치에서 부상당한 사람들을 도와 주는 기관을 만들고 사람을 보호하는 것이지요. 이런 노력은 모든 나라의 의무이기도 합니다.

 ## 적십자란 어떤 단체인가요?

국제 적십자는 각 나라의 '적십자사'와 '국제 적십자 위원회', '국제 적십자사 연맹'을 통틀어 부르는 명칭입니다. 초기에는 전쟁이 일어났을 때 포로로 잡힌 병사와 무고한 시민을 보호하는 정도였지만, 오늘날에는 평화로운 때라도 개인의 건강을 증진시키고 질병을 예방하며 재해가 일어나면 구호 활동을 벌이는 등 많은 일들을 하고 있습니다.

국제 적십자사는 전쟁 중에 부상을 입은 사람들을 구하는 것이 중요하다고 생각한 앙리 뒤낭이 주축이 되어 창립한 국제 적십자 위원회에서 출발했습니다. 그리고 제1차 세계 대전이 끝난 1919년 2월과 4월에 미국의 주창으로 적십자 사업을 평화시에도 추진할 필요성을 인정하고, 그 해 5월에 파리에서 개최된 5대국 적십자사 회의에서 국제 적십자사 연맹을 설립하게 되었답니다.

현재 공인 적십자사가 있는 나라는 163개국에 이르고 있답니다. 우리 나라에는 1905년에 적십자사가 처음으로 발족되었지요.

적십자사는 그 이름처럼, 만국 공통으로 '흰 바탕에 붉은 십자' 무늬로 자신들을 상징한답니다.

전쟁 포로의 인권을 지켜 주는 제네바 조약

전쟁이 일어나면 적국에 포로로 붙잡히는 전쟁 포로가 생기게 됩니다. 이들은 비록 전쟁 포로의 몸이지만, 사람인 이상 인권을 보호받을 권리가 있습니다.

이를 국제적으로 약속한 것이 바로 '제네바 조약'입니다. 1949년 8월 12일, 제네바 회의에서 채택된 이 조약은 전쟁 등이 일어났을 때, 부상자, 병자, 포로 등을 보호하며 가능한 한 전쟁의 피해를 줄이자는 데 그 목적이 있습니다.

그래서 그 내용을 보면, '전쟁 지역에 있는 군대의 부상자 및 병자의 상태 개선에 관한 조약', '해상에 있는 군대의 부상자 및 병자의 상태 개선에 관한 조약', '포로의 대우에 관한 조약', '전쟁시 민간인 보호에 관한 조약', 이렇게 4개의 조약으로 되어 있답니다. 이 중에서 포로에 대한 조약은 전쟁 포로를 함부로 죽여서는 안 되며, 전쟁이 끝난 뒤 본인의 의사에 따라 원하는 나라로 가도록 할 것을 내용으로 하고 있답니다.

 **좋은 환경에서 살 권리가 있어요**

죽음의 재와 맞서 싸운 카렌 실크우드

    1970년대 미국 오클라호마 주의 한 마을에 원자력 발전소의 핵 연료를 만드는 공장이 있었답니다. 마을 사람들은 핵 연료를 만드는 공장이 자기 마을에 들어서고, 또 거기서 일하게 된 것을 무척 자랑스러워했지요.

    그런데 시간이 흐를수록 사람들은 이 공장이 정말 안전한 공장인지 의심하기 시작했습니다. 한 달에 몇 번씩이나 오염 물질이 누출되었다는 경보가 울리고, 누출된 방사능이 몹시 위험한 물질이라는 소문이 떠돌았기 때문입니다. 연료의 재료가 되는 플루토늄에 오염되면 암에 걸릴 수 있고, 기형아를 낳는 원인이 된다는 소문이었으니 얼마나 걱정되었겠어요? 공장에 다니는 카렌도 그런 소문을 들었습니다. 그러나 그녀는 안전 시설을 철저히 갖췄다는 회사의 말을 믿었습니다.

    그러던 어느 날, 몸이 아파 병원에 간 카렌은 자신이 암에 걸렸다는 사실을 알게 됩니다. 자신이 죽을병에 걸렸다는 것에 경악한 카렌은 공장 안에 떠돌던 소문을 생각했습니다.

'나도 몇 번 방사능에 누출된 적이 있었지. 그렇다면 혹시 내가 암에 걸린 것이 방사능 때문이 아닐까?'

카렌은 각종 방사능 피해 자료를 찾기 시작했습니다. 자료를 찾을수록 카렌은 놀랐습니다. 방사능 오염의 피해가 너무 끔찍했기 때문입니다.

'한 원자력 발전소에서 일한 노동자 수천 명이 플루토늄과 그 밖의 핵 물질에 오염되어 암에 걸려 숨졌다. ……방사능에 노출된 사람이 아이를 낳으면 기형아를 낳을 가능성이 크고, 태어날 때 괜찮던 아기라도 자라고 나서 불치의 병에 걸리는 일이 많다. 즉 방사능은 아이에게 유전된다.'

정말 무서운 말이었습니다. 카렌은 이 사실을 동료들에게 알렸습니다.

"여러분, 방사능을 뭐라고 하는 줄

아십니까. 바로 죽음의 재입니다. 우리가 매일 만나고 있는 것이 바로 죽음이란 말입니다. 지금은 제가 죽어 가고 있지만 그건 여러분도 마찬가지입니다."

"그럼 공장을 떠나자는 소리요?"

"아닙니다. 이 곳은 우리의 일터입니다. 우리는 쾌적한  환경에서 일할 권리가 있죠. 그런데 회사에서 한 번이라도 안전 검사를 제대로 한 적이 있습니까? 우린 그걸 요구해야 합니다."

사실 오래 전부터 많은 사람들이 회사에 철저한 안전 시설을 해 줄 것을 요구했지만, 회사에서는 공장문을 닫겠다며 노동자들을 윽박질러 왔지요. 협박받은 것은 카렌도 마찬가지였습니다. 그러나 카렌은 공장의 방사능 오염 피해와 원자력 발전소의 위험을 세계에 알려야 한다고 생각했습니다. 그래서 그 동안 모은 자료를 가지고 신문 기자를 만날 생각을 했지요. 그러나 그녀는 약속 장소로 차를 타고 가던 중, 의문의 교통 사고로 목숨을 잃게 됩니다.

그러나 카렌이 남긴 자료는 온 세상에 알려져, 많은 사람들에게 핵 발전소의 위험을 널리 알리는 계기가 되었답니다.

 ### 환경 오염으로부터 보호받을 권리가 있어요

과학이 발전하고 산업화를 통한 대규모 생산과 소비가 이루어지면서 우리 생활에 많은 변화가 일어났습니다. 우선 커다란 공장이 들어서고, 필요한 전력을 만들기 위한 핵 발전소, 화력 발전소 등이 세워졌지요. 공장과 자동차 등이 늘어나면서 주변 환경은 점차 오염되어 갔습니다. 이제 환경 오염은 우리 앞에 피할 수 없는 현실로 나타나고 있습니다. 그러나 사람은 깨끗한 공기를 숨쉬고 깨끗한 물을 먹을 권리를 갖고 있습니다. 그래서 많은 나라들이 환경 오염을 줄이기 위해 노력하고 있습니다.

 ### 산업 재해는 보상받지 못하나요?

그렇지 않습니다. 초기 산업화가 진행되던 18세기에는 산업 재해가 노동자의 몫이기는 했습니다. 일을 하다가 부상을 당하거나 질병에 걸리면 본인의 부주의 탓으로 돌려, 아무런 보상도 받지 못한 채 회사에서 쫓겨나기도 했습니다. 그러나 오늘날에는 이런 부당한 처사가 법적으로 금지되어 있습니다. 산업 재해에 해당 회사의 책임을 분명하게 묻지요. 그래서 많은 기업가들이 안전한 산업 환경을 만들기 위해 노력하고 있답니다.

 ## 핵 발전소의 방사능 피해는 어느 정도인가요?

핵 발전소의 방사능 피해는 어제오늘 일이 아니랍니다. 1979년에 미국의 스리마일 원자력 발전소에서는 다량의 방사능 물질이 누출되는 사고가 일어났습니다.

1986년, 구 소련의 체르노빌 원자력 발전소에서는 원자로가 녹아 내리면서 강력한 방사능이 누출되어, 그 지역에 사는 많은 사람들이 큰 고통을 당했습니다. 1991년 프랑스 라 아그 핵 폐기물 재처리 공장에서도 폐기물이 누출되는 사고가 발생했지요.

이들 사고는 핵을 안전하게 다루는 것이 얼마나 중요한 일인가를 널리 알게 했습니다. 물론 핵 연료가 가장 깨끗하고 효율적인 에너지 원이며 그 때문에 원자력 발전소가 빠르게 보급된 것은 사실입니다. 하지만 이 원자력 발전소가 인류는 물론이고 지구 환경 전체에 광범위하고도 치명적인 환경 피해를 미칠 수 있다는 사실을 잊어서는 안 될 것입니다.

핵 위협을 줄이려는 노력이 필요해요

　세계는 원자력 안전 사고의 사전 예방과 사후 처리를 위해 힘을 모아 노력하고 있습니다. 먼저 사전 예방적 차원에서 체결된 국가간의 협약으로는 1994년 '원자력 안전 협약'을 들 수 있습니다. 원자력 안전 협약은 1986년에 발생한 체르노빌 사고와 같은 대형 원전 사고를 사전에 예방할 수 있도록, 원자력 안전 규제에 관해 통일된 국제 기준을 마련했지요.

　이와 함께 핵 위협을 줄이고 자연 보호를 주장하는 운동 단체들의 활약도 있습니다. 1970년 캐나다에서 결성된 국제적인 환경 보호 단체인 그린피스가 그 대표적인 단체입니다. 그린피스는 본래 프랑스 핵 실험을 반대하기 위하여 발족했고, 고래 보호 단체로도 유명합니다. 그리고 원자력 발전 반대, 방사성 폐기물 해양 투기 저지 운동 같은 폭넓은 활동을 벌이고 있지요.

 어린이의 인권을 존중해 주세요

5월은 푸르구나, 우리들 세상

일제 식민지 때의 일입니다. 한 젊은이가 골똘히 생각에 잠겨 있었습니다. 그는 지금 새로운 말을 짓기 위해 고민하고 있었습니다.

'아이들을 가리키는 아름다운 우리말이 없을까?'

젊은이가 이렇게 고민하는 데에는 이유가 있습니다. 그 때까지 우리 나라에는 아직 아이들을 가리키는 말이 없었습니다. 그저 철없는 아이들이라며, "요 녀석"이나 "그 자식"으로 부를 뿐이었지요. 그도 그럴 것이, 전통 사회에서는 성인이 되기 전까지 아이들을 보잘것없는 존재라고 생각했으니까요.

젊은이는 고심 끝에 아이들을 대우하여 부르는 말로 '어린이'라는 낱말을 만들었답니다. 이 젊은이가 바로 어린이를 위해 한평생을 바친 소파 방정환 선생입니다.

방정환 선생은 어린이를 위한 마땅한 노래가 없다는 것도 애석해했습니다. 그래서 작곡가인 후배 윤극영 선생에게 아이들을 위해 노래를 만들어 줄 것을 부탁했습니다. 그리고 여러 뜻 있는 사람들을 불러모아, 어린이의 소중함을 많은 사람에게 알릴 방법을 의논했습니다. 많은 사람들이 고민하고 있을 때, 방정환 선생이 이렇게 제안했습니다.

"어린이날을 만들면 어떨까? 모든 사람들이 그 날을 기념해서 어린이들의 소중함을 다시 한 번 되새긴다면 좋을 거야."

방정환 선생의 제안에 모든 사람이 좋은 의견이라며 찬성했습니다. 그래서 1923년 5월 1일, 서울에서 첫 어린이날 기념식이 벌어졌습니다. 방정환 선생과 함께 많은 사람들이 이 날 행사를 알리는 전단을 돌리며 이렇게 외쳤습니다.

"어린이는 어른보다 한 시대 더 새로운 사람입니다. 어린이의

뜻을 가볍게 보지 마세요."

"싹(어린이)을 위하는 나무는 잘 크고 싹을 짓밟는 나무는 죽어 버린답니다."

"우리들의 희망은 어린이를 잘 키우는 데 있습니다."

"희망과 내일을 위해, 다 같이 어린이를 잘 키웁시다."

한편 행사장에서는 윤극영 선생이 어린이를 위해 만든 노래가 울려 퍼졌습니다.

날아라 새들아 푸른 하늘을
달려라 냇물아 푸른 벌판을
오월은 푸르구나 우리들은 자란다
오늘은 어린이날 우리들 세상.

그 뒤 방정환 선생을 비롯한 여러 사람들이 해마다 5월 1일에 어린이날 기념 행사를 열었습니다. 그러나 이것도 쉽지는 않았지요. 일본 경찰이 어린이날 행사를 방해한 탓입니다. 순수하게 어린이들을 위해 모인 모임을, 불법 집회로 몰아 금지시킨 것이죠. 방정환 선생은 이를 가슴 아파했습니다.

결국 서른세 살이라는 젊은 나이에 병에 걸린 방정환 선생은 친구들에게 이렇게 유언을 남기고 돌아가셨답니다.

"어린이를 위하여 더 힘쓰지 못하고 가니 미안합니다."

 ## 어린이들에게도 인간의 권리가 있습니다

나이가 어리다는 이유만으로 차별받아서는 안 됩니다. 어린이도 어른처럼 인간입니다. 함부로 가두거나 때려서는 안 되고, 부모로부터 양육받을 권리, 제대로 교육을 받을 권리, 살아가는 데 필요한 충분한 음식을 먹을 권리 등이 보장되어야 하지요. 만일 여러 가지 이유로 부모가 제 역할을 하지 못한다면 사회가 대신해서 책임지고 보호해야 합니다. 그래서 많은 나라들이 사회 보장 제도 등을 통해 어린이를 보호하고 제대로 성장할 수 있도록 돕고 있지요.

 ## 5월 5일은 어린이날!

5월 5일은 바로 여러분의 날입니다. 처음에는 소파 방정환 선생이 제안한 5월 1일을 어린이날로 정했지만, 1946년부터 5월 5일에 어린이날 기념 행사를 가져 왔습니다. 1970년부터는 법정 공휴일로 정해서 여러 가지 행사와 기념 잔치를 벌이지요. 이 날에는 어린이공원, 어린이회관, 공연장 등이 무료로 개방됩니다. 하지만 이 어린이날은 그냥 노는 날이 아니에요. 이 날을 만든 소파 방정환 선생의 뜻을 다시 한 번 되새겨 보는 날이기도 합니다. 그것은 바로 어린이들이 이 나라의 주인공이자 희망이라는 것입니다.

 ## 방정환 선생님은 어떤 분인가요?

　소파 방정환 선생님은 아동 문학을 보급하고, 아동 보호 운동을 벌인 선구자이십니다. '어린이'라는 말을 만드신 분이기도 하지요. 선생님은 최초의 아동 문화 단체인 '색동회', '소년 운동 협의회' 같은 모임을 조직하고, 한국 최초의 순수 아동 잡지 〈어린이〉(1923년)를 창간하기도 했죠. 동화 작가이기도 했던 방정환 선생은 직접 동화를 썼을 뿐 아니라, 해외의 좋은 동화를 번역하고 수필과 평론을 통해 아동 문학의 보급과 아동 보호 운동에 힘썼습니다. 하지만 아쉽게도 서른세 살이라는 젊은 나이에 병에 걸려 세상을 뜨고 말았지요. 한국 아동 문화의 발전을 위해 윤석중 선생이 중심이 되어 창립한 '새싹회'에서는 방정환 선생을 기리는 뜻에서 '소파상'을 제정하고, 해마다 어린이 문화 발전을 위해 힘쓴 사람을 선정해 이 상을 수여해 왔답니다.

어린이의 인권 선언

　전세계에는 아직도 많은 어린이들이 가난 속에서 살고 있습니다. 제대로 먹고 입지도 못하고, 교육을 받지 못하는 것은 물론이며, 강제로 노동력을 착취당하기도 한답니다. 이런 현실을 막기 위해 국제적인 노력이 계속 이루어지고 있지요.

　그 첫 번째 결실이 1958년에 국제 연합이 제정한 '아동 권리 선언'입니다. 그러나 단순히 선언보다는 어린이 보호를 위한 실제적인 조약이 필요하다고 느낀 사람들은 1989년에 '아동의 권리에 대한 협약'을 채택하게 됩니다.

　협약은 어린이를 고유한 자신의 권리를 갖는 인간으로 볼 것, 어린이를 어엿한 사람으로 대우할 것 등을 내용으로 하고 있습니다. 또, 이 협약은 세계 인권 선언에서 제시된 인간의 권리에 대한 모든 규정을 어린이에게도 적용하도록 하고 있지요.

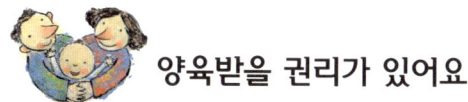 양육받을 권리가 있어요

때묻지 않은 어린이의 집

1979년, 노벨 평화상이 인도의 한 무명 수녀에게 수여되었습니다. 그 때까지 사람들은 그 수녀의 이름조차 들어본 적이 없었습니다. 자연히 수녀를 취재하기 위해 세계 각지에서 많은 기자들이 모여들었습니다. 그 중 한 기자가 그녀에게 질문했습니다.

"세계 평화를 위해 가장 급한 일이 무엇입니까?"

기자의 질문에 그녀는 웃으며 말했습니다.

"기자 선생님께서 빨리 집으로 돌아가셔서 가족을 사랑하는 것이 세계 평화를 위해 가장 급한 일이죠."

가정이 평화로워야 세계가 평화로울 수 있다고 말한 수녀. 그녀가 바로 '가난한 이들의 어머니'로 불린 테레사 수녀입니다.

1950년대, 인도는 영국으로부터 독립하는 데에는 성공하지만, 힌두 교도와 이슬람 교도들이 서로 반목하는 바람에 인도와 파키스탄으로 나뉘고 맙니다. 그 과정에서 많은 사람들이 죽고 다쳤지요. 인도의 대도시 캘커타에도 난민이 넘쳐나고 수많은 사람들이

거리에서 죽어 갔습니다. 테레사 수녀는 그런 상황 속에서 부모의 사랑 속에서 커야 할 많은 아이들이 고통받는 모습을 보았습니다. 버림받은 아이들은 기생충, 설사, 이질 등 갖가지 병을 앓고 있었고, 뼈만 앙상하도록 말라 죽어 갔습니다. 그런 비참한 모습에 테레사 수녀는 큰 충격을 받았습니다.

'사랑을 받고 커야 할 아이들이 이렇게 버려지고 있다니. 의지할 곳 없는 어린이들을 위한 집이 반드시 필요해.'

테레사 수녀는 고아원을 세우기로 결심했죠. 그래서 직접 모금함을 들고 거리를 돌아다녔습니다. 어느 크리스마스 이브 날에도 '고아 돕기' 모금함을 들고 한 술집에 들어갔습니다. 그녀는 흥겹게 술을 마시고 있는 사람들을 찾아다니며 도움을 구했죠. 그런데 한 젊은이가 귀찮게 한다며 그녀에게 술을 끼얹어 버렸습니다. 이 모습에 술집에 있던 많은 사람들이 깜짝 놀라 쳐다보았습니다. 그러나 테레사 수녀는 조금도 당황하지 않고 이렇게 말했습니다.

"형제님, 당신은 제게 술을 주셨습니다만 헐벗고 굶주린 우리 고아들에게는 무엇을 주시겠습니까?"

얼굴이 붉어진 그 젊은이는 지갑을 모금통에 넣고 도망치듯 나가 버렸습니다. 다른 손님들도 이 모습을 보고 모두 모금함에 성금을 넣었죠.

테레사 수녀의 이 같은 노력으로 몇 년 뒤, 인도에서 처음으로 고아원이 세워졌습니다.

테레사 수녀는 이곳을 '니르말라 시슈 브하반(때묻지 않은 어린이의 집이라는 뜻)'이라고 불렀죠. 이 곳은 부모가 세상을 떠나 의지할 곳 없는 아이들, 집 없이 떠도는 어린이들, 회복하기 어려운 병에 걸려 누구도 돌볼 수 없게 된 아이들, 정박아, 장애아 등 보살핌이 필요한 아이들을 위해 항상 문을 열어 놓았습니다. 또, 곧 죽을 아이더라도 가리지 않고 사랑으로 받아들였습니다. 죽는 순간만이라도 그 아이들이 사랑받는 존재라는 것을 느끼게 해 주고 싶었던 것이지요.

 ## 어린이에게는 양육받을 권리가 있습니다

어린이는 태어나면서부터 부모로부터 제대로 양육받을 권리가 있고, 부모는 어린이를 제대로 키울 의무가 있습니다. 그런데 부모가 여러 가지 사정에 따라 이런 역할을 제대로 해 내지 못할 경우가 생기기도 합니다. 특히 부모에게서 버려진 아이들은 따뜻한 사랑을 받지 못하고 정신적인 굶주림에 시달리는 일들이 많죠. 이를 위해서 국가와 여러 봉사 단체의 많은 사람들이, 테레사 수녀처럼 버려진 아이들에게 사랑을 전달하기 위해 노력하고 있답니다.

 ## 테레사 수녀는 어떤 분인가요?

테레사 수녀는 가난한 사람들을 위해 평생을 헌신한 분입니다. 원래 가톨릭 교의 종신 서원을 한 수녀들은 평생 동안 신을 모시기 위해 서약한 탓에 수도회 안에서만 생활해야 합니다. 그러나 테레사 수녀는 빈민과 기아, 나병 환자들을 위해 봉사하는 '사랑의 선교 수녀회'를 창설하기 위해 거리로 나섰습니다. 테레사 수녀는 온갖 어려움 끝에 빈민가 어린이들을 위한 학교와, 질병을 치료하는 진료소를 열어 많은 사람들을 돌보았답니다. 1950년 10월 7일, 바티칸 교황청에서 사랑의 선교 수녀회를 정식으로 허가하자, 사랑의 선교 수녀회는 총장을 마더(어머니)라고 부르기로 하였고, 이 날부터 테레사 수녀는 '마더 테레사'가 되었습니다.

1979년, 노르웨이 노벨상 위원회는 유엔 아동의 해를 맞아 노벨 평화상을 마더 테레사에게 주기로 결정했습니다. 노벨 평화상이 마더 테레사에게 수상된 것은 정치적 행동만이 평화를 가져다 주는 것은 아니라는 것을 확인시켜 주는 하나의 상징이기도 했습니다. 테레사 수녀는 그 뒤로도 캘커타뿐 아니라 인도의 각 도시에 어린이들의 집을 지어 나갔습니다. 그리고 1993년에 죽은 그 순간까지, 의지할 곳 없는 아이들을 사랑으로 보살폈답니다.

가난한 사람과 함께하는 사랑의 선교 수녀회

　사랑의 선교 수녀회는 1950년 캘커타의 테레사 수녀가 가장 가난한 이들과 함께하기 위해 설립한 수녀회입니다. 사랑의 선교 수녀회는 일반 수녀들이 지키는 3가지 규칙, 즉 '청빈', '정결', '순명' 외에 하나의 규칙을 더 가지고 있답니다. 바로 '가난한 사람들 가운데서도 가장 가난한 사람들에게 마음을 다해 헌신한다.'는 것이죠.

　1998년 현재, 사랑의 선교 수녀회 총본부는 인도 캘거타에, 분원은 123개국에 256개가 설립되어 있습니다. 총 4,200여 명의 회원이 참여하고 있지요. 우리 나라도 1981년 5월에 당시 서울 대교구장 김수환 추기경의 초청을 받아 마더 테레사 수녀가 한국을 방문한 것을 계기로, 사랑의 선교 수녀회가 설립되었답니다. 현재 수녀회 회원들은 안산과 인천의 양로원에서 할머니들을 돌보는 한편, 무의탁 환자들과 극빈 가정을 돕는 봉사 활동을 벌이고 있답니다.

 교육받을 권리가 있어요

유치원이 생기게 된 사연

19세기 초, 독일에서 있었던 일입니다. 어느 날, 모범 학교의 교사 프뢰벨이 친구의 집에 놀러 갔답니다. 친구에게는 어린 두 아이가 있었는데, 아이들은 물건을 만지작거리며 놀고 있었습니다.

"애들아, 제발 좀 그만 갖고 놀아라!"

친구는 아이들에게 소리쳤습니다. 그러나 아이들은 듣는 둥 마는 둥했습니다. 급기야 친구는 물건들을 빼앗아 버렸습니다.

"자네, 왜 그러나? 아이들은 호기심이 많아. 아이들이 관심을 갖고 만지고 빨고 부수고 하는 행동들이 얼마나 중요한지 아나?"

"그런 쓸데없는 짓들이 뭐가 중요해? 집 안만 어지럽히는데. 아이들이 노는 것은 시간 낭비일 뿐이야."

"왜 시간 낭비라고 생각하나?"

"저 아이들을 봐. 쓸데없이 만들다가 다시 부수기를 몇 번째 하고 있는 줄 아나? 저렇게 노는 것이 무슨 의미가 있나?"

프뢰벨은 잠시 생각하다가 말했습니다.

"왜 아무 의미 없이 행동을 반복한다고 생각하는 건가? 우리 어렸을 때를 생각해 보게. 부모님들은 쓸데없는 짓 하지 말라고 하셨지만 사실 그 일들이 우리에게 얼마나 중요한 일이었나?"

"그래, 그 때에는 뭔가 근사한 것을 만들겠다며 많은 물건을 부쉈지. 그러나 물건은 고장났고, 난 아버지에게 무척 혼이 났지."

잠시 옛 생각에 잠긴 친구도 웃음지었습니다.

"그래, 자네도 어렸을 때는 어른들이 그만 하라고 소리쳐도 새로운 무엇인가를 창조하고 싶어 안달이었지. 그렇다면 '안 돼, 하지 마.'라고 말하기 전에 아이들의 호기심을 자극할 수 있는 환경을 만들어 주는 것이 더 현명하지 않을까?"

그 날 프뢰벨은 집으로 돌아오면서 친구와 나눴던 대화를 곰곰이 생각해 보았습니다. 그러면서 부모의 무관심 속에서

외롭고 쓸쓸하게 보냈던 자신의 어린 시절을 떠올렸죠. 목사인 그의 아버지는 아들인 자신보다는 교회의 일에만 관심이 있었지요. 그는 열한 살이 되었을 때까지 학교도 다니지 않았고, 또래 아이들과 어울려 놀지도 못했답니다. 옛날 일을 생각하다 그는 이런 결론을 내렸습니다.

'그래, 아이들이 잘 자라기 위해서는 먼저 부모의 관심이 중요해. 그러나 아이들이 잘 자랄 수 있도록 도와 주는 사회적 제도도 필요해. 아이들이 자연 속에서 맘껏 뛰어 놀면서 그들의 창의력을 키워 나갈 수 있는 그런 공간이 말이야.'

몇 년 뒤, 그의 생각은 현실로 이루어졌습니다. 그것이 바로 '킨더가르텐(어린이 정원이라는 뜻)'입니다. 프뢰벨은 킨더가르텐을 통해 아이들의 이상적인 공동체를 만들어 냈지요. 이것이 바로 유치원의 시작이었습니다.

 ## 어린이는 교육을 받을 권리가 있습니다

　100여 년 전만 하더라도 교육은 부유하거나 권력이 있는 특권 계층의 자제만이 받을 수 있었습니다. 유치원 교육이 일반화된 것도 그리 오래 되지 않았고, 초등학교 교육만이 의무 교육이었지요. 본인이 원한다고 해서 중학교나 고등학교, 대학교 교육을 받을 수 있는 것도 얼마 되지 않았고요. 우리 나라도 중학교 교육이 의무 교육이 된 것은 최근의 일이랍니다.

　의무 교육은 근대 교육 제도의 특징입니다. 교육의 기회를 균등하게 갖자는 사상에서 연유한 것이지요. 그래서 근대 이후 각 나라에서는 신분이나 경제적 능력에 차별 없이 그 개인의 학습 능력에 따라 교육을 받을 수 있도록 학교를 설치해 왔습니다.

 ## 유치원은 언제부터 생기게 되었나요?

유치원은 4~5세의 어린이를 대상으로 하는 교육 기관입니다. 19세기 초에 처음으로 만들어졌지요. 영국의 로버트 오언, 스위스의 페스탈로치, 독일의 프뢰벨, 이탈리아의 마리아 몬테소리 등이 유치원을 정착시키기 위해 노력했습니다.

유치원은 어린이의 감정과 정신적 본성을 강조하며, 성인의 관념을 주입시키기보다는 놀이 활동과 보다 많은 자유를 통해 스스로 이해할 수 있도록 하는 교육에 중점을 두고 있습니다. 우리 나라 유치원의 효시는 1909년에 설립된 나남 유치원이며, 현존하는 가장 오래 된 유치원은 이화 여자 대학교 사범 대학 부속 유치원입니다.

어린이의 교육 권리를 알린 책, 《에밀》

《에밀》은 근대 교육학 책의 고전으로 손꼽히는 책입니다. 프랑스의 계몽주의 사상가인 장 자크 루소의 대표적인 저서이기도 하지요.

루소가 이 책을 썼을 당시, 어린이는 작은 어른에 불과했습니다. 그런데 루소는 사람들이 어린이에 대해 무지하며, 어린이가 무엇인가 연구하는 데에서 교육이 출발한다고 생각했지요. 그래서 에밀이라는 고아를 주인공으로, 자연의 흐름에 따라 성장한다는 글을 발표했습니다.

루소는 이 책에서 어린이를 둘러싼 환경이나 나쁜 습관, 편견으로부터 어린이를 자유롭게 하여, 어린이가 자연스럽게 타고난 성품을 크게 자라나도록 해야 한다고 지적했습니다. 그래서 주입식 교육을 반대하고 품성을 중시하는 전인 교육을 지지했지요. 사람 중에서 가장 순수하게 자연성을 간직하고 있는 어린아이에게 그 본래의 자연과 자유를 되돌려줄 것을 주장하는 이 작품은, 그 당시 사람들에게 많은 공감을 불러일으켰답니다.

장애인에게도 인권이 있어요

기적의 사람, 헬렌 켈러

  1880년, 미국 앨라배마 주의 한 마을에 한 소녀가 태어났답니다. 헬렌 켈러라는 아주 귀여운 소녀였죠. 그런데 헬렌은 태어난 지 19개월 만에 심한 열병을 앓게 되었고, 그 때문에 시각과 청각을 잃게 되었습니다. 청각을 잃게 되었으니 말을 듣지 못해 말하는 방법도 모르게 되었습니다.

  헬렌은 여섯 살이 될 때까지 집 밖으로 나가지도 못하고 친구도 사귀지 못했습니다. 가끔 집 밖으로 나가면 또래 아이들로부터 "귀머거리야, 벙어리야." 하며 놀림을 받기 일쑤였죠.

  헬렌의 부모님은 그런 딸이 너무나 안타까웠습니다. 그래서 장애아 교육에 힘쓰고 있던 그레이엄 벨을 찾아갔지요. 벨은 그들에게 헬렌을 교육시킬 선생님 한 분을 소개시켜 주었습니다. 그분이 바로 앤 맨스필드 설리번 선생이었습니다.

  "헬렌, 너도 듣고 말하고 볼 수 있단다. 일반 사람들과 똑같이 될 수는 없지만 노력만 한다면 너도 정상적인 생활을 할 수 있어."

당시 스무 살이었던 설리번 선생은 신앙심 깊고 현명했으며 인내심도 강한 사람이었습니다. 그러나 헬렌을 가르친다는 것은 쉬운 일이 아니었습니다. 이제껏 제멋대로 살았던 헬렌에게 설리번 선생은 이것 저것 시키기만 하는 귀찮은 어른이었습니다. 헬렌은 설리번 선생이 오면 자는 척을 하거나 물건을 마구 집어던졌습니다. 그러나 설리번 선생의 헌신적인 노력에 감동한 헬렌은 차츰 선생님이 시키는 대로 따르기 시작했습니다.

한 달이 지나자, 설리번 선생은 헬렌의 손바닥에 수화 알파벳으로 사물의 이름을 가르치게 되었습니다.

"이제 조금씩 말하고 읽고 볼 수 있게 되었지. 너도 노력하면 다른 친구들과 똑같아질 수 있단다."

헬렌은 설리번 선생에 대한 감사의 눈물을 흘리며 선생님으로부터 배운 수화로 이렇게 말했습니다.

"선생님, 저는 선생님을 만나기 전까지 어두운 굴 속에 갇혀 살았습니다. 저의 미래는 없다고 생각했지요. 선생님께서 제게 희망을 주셨습니다. 포기하지 않고 노력한다면 저도 할 수 있다는 자신감을 주신 것이죠. 선생님! 제가 이 모든 어려움을 극복한다면 이 세상의 많은 장애 어린이들을 위해 한평생을 바치겠습니다. 선생님, 지켜봐 주세요."

1900년, 헬렌은 하버드 대학교의 래드클리프 칼리지에 입학하여, 세계 최초로 대학 교육을 받은 맹농아자가 되었답니다. 10년이 넘게 노력한 결과가 나타난 것이죠. 이제 헬렌은 설리번 선생과 했던 약속을 지키기 위해 노력했습니다. 앞을 보지 못하는 장애 어린이를 위한 맹아 학교를 세우고, 전세계 장애아에게 희망을 주기 위해 책을 쓰고 강연도 하고 모금 활동도 했습니다. 삼중고를 딛고 정신의 힘으로 우뚝 일어선 사람. 사람들은 그런 헬렌을 '기적의 사람'이라고 불렀답니다.

장애인도 똑같이 대우받아야 합니다

그렇습니다. 장애인도 똑같은 사람이죠. 장애 아동 또한 부모로부터 양육 받을 권리, 제대로 교육 받을 권리, 사회적으로 차별받지 않을 권리가 있습니다. 장애아를 가진 부모는 너무나 가슴 아프고 힘든 현실을 경험하게 되지요. 그래서 사회적으로 이들을 돕고 보호하는 장치가 필요합니다. 나라에서는 장애 아동을 위해 각종 사회 시설을 마련하고 있으며, 다른 아이들과 마찬가지로 동등한 교육의 기회를 주기 위해 맹아 학교, 농아 학교 등을 세우고 있습니다.

맹아 학교, 농아 학교는 어떤 곳인가요?

맹아 학교는 앞을 보지 못하는 어린이들을 위한 학교입니다. 일반 교과 과정 외에도 점자 등을 가르쳐서 앞을 보지 못하는 데 따르는 불편을 최소화하고 있지요.

농아 학교는 말을 하지 못하거나 듣지 못하는 어린이에게 수화 등을 사용하여 대화할 수 있는 방법을 가르치는 학교입니다. 곧, 촉각이나 몸짓 등으로 의사 표현을 하도록 가르쳐서 사회에 적응할 수 있도록 돕지요.

최초의 맹아 학교는 1784년, 프랑스 파리에 설립되었습니다. 프랑스의 맹아 교육은 여러 나라에 큰 영향을 미쳤지요. 헬렌 켈러를 탄생시킨 매사추세츠 주의 퍼킨스 맹아 학교는 미국에서 가장 모범적인 시설을 갖춘 학교로서, 시각 장애인의 직업 교육에 중점을 두고 있습니다. 최초의 농아 학교 역시 프랑스에서 처음 생겼습니다. 1760년, 프랑스에서 드 레페가 개인적으로 농아 학교를 열고, 농아를 위한 수화 교육을 실시한 것이 그 시작이지요.

우리 나라 장애인의 어머니, 홀 여사

우리 나라에 처음으로 맹아 학교와 농아 학교의 필요성을 알리고, 맹아 학교를 열어 헌신적으로 장애 어린이를 도운 분이 계십니다. 조선 시대 말기에 의료 선교사로 우리 나라를 찾은 로제타 홀 여사가 바로 그 분이죠. 홀 여사는 의료 선교사로 우리 나라를 방문한 뒤, 1898년 6월 평양에 여성 치료소 '광혜여원'을 열었고, 이어 우리 나라 최초의 맹아 학교인 '에디스 마그리트 어린이 병동'을 열었답니다. 또한 그녀는 미국에서 쓰는 점자를 한국어에 맞게 바꾸어 교재를 만들고 이를 가르치기도 했지요.

외국인의 몸으로 먼 타국으로 건너와 우리 나라 장애 어린이들을 위해 힘쓴 홀 여사. 1951년에 사망하여 양화진 외인 묘지에 묻혔지만, 홀 여사의 사랑과 헌신은 우리 나라 사람들 마음 깊이 살아 있답니다.

 **태아에게도 인권이 있어요**

나라로부터 버림받은 검은 아이들

1990년대 초, 중국 전역에는 초등학교에 못 가는 아이들이 나타나기 시작했습니다. 왜냐 하면 이 아이들은 서류상으로 존재하지 않는 아이들이기 때문입니다. 그게 무슨 뜻이냐고요? 1980년대에 중국 정부는 '한 자녀 낳기 운동'을 벌였습니다. 중국의 인구가 걷잡을 수 없이 늘어나자, 이를 막을 방법은 적게 낳는 수밖에 없다고 생각한 것입니다.

"나참, 기가 막혀서……. 앞으로는 딸이든 아들이든 하나만 낳아 키워야 한다고?"

"그래도 생기는 아이를 어떻게 하겠어? 한동안 떠들다가 흐지부지되겠지."

"그런데 정부에서 강력하게 처벌하겠다던데? 둘째 아이부터는 호적에 올릴 수 없다는군."

"호적에 못 올리면 어때? 내 아이 내가 잘 기르면 그만이지."

자녀를 무조건 하나씩만 낳으라고 하니 사람들은 참으로 어처

구니가 없었습니다. 하지만 일단 낳고 보면 정부도 어쩔 수 없을 거라고 생각했지요. 그러나 정부는 법을 어기는 사람들에게 강력한 처벌을 내렸습니다. 아이의 신분을 증명할 호적이 없는 것은 물론이고, 벌금을 무려 임금의 20배나 되도록 물렸어요. 다니던 직장에서도 해고시켰답니다.

어쩔 수 없이 사람들은 점차 정부의 '한 자녀 갖기 운동'에 따를 수밖에 없었습니다. 그러다 보니 전통적으로 남자아이를 선호하는 중국 사람들은 딸을 낳으면 버리는 일이 많았죠. 심지어 엄마의 뱃속에 있는 아이가 남자 아이인지 여자 아이인지 알아보고, 딸이면 일부러 낙태시키는 일도 자주 벌어졌습니다.

그러나 뱃속의 아이도 엄연히 생명이 있는데 어떻게 죽일 수 있느냐며 아이가 생기는 대로 낳는 부모들도 많았답니다.

'아이들이 크면 할 수 없이 호적에 올려 주겠지.' 하고 생각하면서 말입니다. 그러나 시간이 지나도 중국 정부의 대응은 조금도 풀어지지 않았습니다. 부모들은 크게 당황했습니다. 세월이 흘러 아이들이 자라 학교를 가야 하는 나이가 됐는데도, 나라에서는 그 아이들을 호적에 올려 주지 않았던 것이죠.

"이 일을 어떡하나? 우리 둘째가 올해 초등학교에 들어가야 하는데 어디에서도 받아 주지 않네."

"우리 둘째 애도 학교 가고 싶다고 노래를 부르고 있네."

"우리 아이 같은 애들이 동네에만 해도 수십 명이야. 앞으로도

더욱 늘어날 텐데 정말 큰일이야."

"그 아이들도 엄연히 이 나라의 국민이 아닌가. 아이들의 장래를 생각해서라도 학교는 다닐 수 있게 해 줘야 하는 것 아니야?"

사람들의 분노는 점점 커져 갔지만 중국 정부는 늘어나는 인구를 막으려면 어쩔 수 없다며 단호한 입장을 버리지 않았습니다. 결국 이 아이들은 아무런 교육도 받지 못하고 예방 접종도 받지 못하는 천덕꾸러기로 남았죠. 나라로부터 버림받은 이 아이들을 사람들은 '헤이하이즈(검은 아이들이라는 뜻)'라고 불렀답니다.

 **왜 둘째 아이는 호적에 오르지 못하나요?**

중국은 세계에서 제일 인구가 많은 나라입니다. 1950년대 초에 이미 인구가 4억 5,000만 명을 넘어 인구 문제가 심각한 사회 문제가 되었지요. 결국 중국 정부는 인구 억제를 위해, 산아 제한 정책을 마련하고 1980년에 '한 자녀 갖기 정책'을 실시하기에 이르렀습니다. 이 정책에 따르면 도시에서는 아들, 딸을 가리지 않고 한 자녀씩, 농촌에서만 첫째가 딸일 경우 둘째 아이까지 낳을 수 있도록 했지요. 이 법을 어기고 자녀를 더 낳으면 가혹한 제재를 가했답니다. 곧 둘째 아이를 낳으면 임금의 20배에 이르는 1만 위안(100만 원)의 벌금을 내야 했고, 직장에서 쫓겨났으며, 식량 배급도 중단되었습니다.

이 정책 덕분에 폭발적인 인구 증가율은 억제되었습니다. 그러나 자식을 하나밖에 얻지 못하게 되자, 첫아이가 딸이면 낙태를 하거나 아이를 버리는 일이 일어났습니다. 또, 호적에 올리지 못한 아이들은 취학이 안 되어 교육을 받지 못하고, 범죄의 길로 빠져드는 등의 여러 가지 폐단도 나타나고 있지요. 1990년의 인구 조사 결과에 따르면 호적에 오르지 못해 의무 교육과 예방 접종을 받지 못하는 아동은 1,500만 명, 2002년에는 3,000만 명을 넘는 것으로 추정되었습니다.

 ## 태아의 생명권은 존중되어야 합니다

　국가가 인구를 억제할 필요가 있어서 인구 정책을 펼치는 것은 잘못된 일이 아닙니다. 그러나 그렇다고 해서 태아의 생명권을 무시하고, 부모에게서 자식을 낳을 권리를 빼앗을 수는 없습니다. 우리 나라도 중국처럼 산아 제한 정책을 펼쳤지만, 강제적으로 하기보다는 홍보와 계도로 인구 감소에 성공했지요. 지금은 효과적으로 인구가 줄어서 더 이상 산아 제한 정책을 계속 할 필요가 없답니다.

 ## 왜 산아 제한 정책을 하나요?

　산아 제한 정책은 국가가 국민들의 출산을 제한하거나 조절하는 정책입니다. 오늘날에는 보다 적극적인 의미로 '가족 계획'이라고 합니다. 이 정책은 1914년, 미국의 마거릿 생어가 처음으로 제안했습니다. 영국의 경제학자 토머스 맬서스가 《인구론》에서 인구가 너무 많아질 경우 일어날 일에 대해 경고하자, 그 논의를 바탕으로 인구를 조절할 계획을 세운 거지요. 하지만 그 외에도 출산과 육아의 어려움으로부터 여성을 해방시켜, 건강하고 풍족한 가정 생활을 하도록 정부가 돕는 것이기도 합니다.

모자 보건법이란 무엇일까요?

　우리 나라의 '모자 보건법'은 모성의 보호와 자녀의 건강에 필요한 사항을 규정한 법률입니다. 어머니의 생명과 건강을 보호하고 건전한 자녀의 출산과 양육이 이루어지도록 꾀하는 것으로, 국민 보건을 향상시키는 데 도움이 되도록 만든 법이지요.

　또한 이 법은 어머니가 임신, 분만, 수유 등을 할 때, 자신의 건강을 지키기 위해서 올바른 이해와 관심을 가지고 건강을 관리하도록 노력해야 하며, 영유아의 친권자, 후견인 같은 기타 보호자는 육아에 대한 올바른 지식과 이해를 가지고 아이의 건강과 증진에 적극적으로 노력할 것을 밝히고 있습니다.

　한편 국가와 지방 자치 단체도 어머니와 아이의 건강을 지키기 위해 필요한 조치를 하고, 모자 보건 사업 및 가족 계획 사업에 필요한 정책을 고안하여 국민 보건을 향상시키는 데 노력해야 하지요.

 신체를 보호받을 권리가 있어요

어린이의 눈을 지킨 마법의 캡슐

　에티오피아는 세계에서 가장 가난한 나라 중 하나로, 많은 어린이가 기아와 질병에 시달리고 있지요. 그래서 전세계적으로 에티오피아의 어린이들을 돕는 활동이 활발하게 전개되고 있답니다.

　국제 아동 기금, 곧 유니세프에서 에티오피아 어린이를 돕기 위해 파견된 한 간호사가 있었습니다. 그녀는 에티오피아에서 아주 이상한 현상을 발견하게 되었는데, 그것은 눈이 먼 아이가 굉장히 많다는 점이었습니다.

　'왜 아이들이 실명을 하는 걸까?'

　그녀는 아이들이 제대로 먹지 못해 이런 일이 일어난다고 생각했죠. 그런데 정확하게 어떤 영양소가 부족하여 실명하는지는 몰랐습니다. 그래서 이 같은 사실을 유니세프 본부에 알렸죠. 유니세프는 에티오피아의 많은 어린이들이 실명하는 이유를 밝히려 노력했습니다. 유니세프의 여러 전문가들은 오랜 연구 끝에 비타민 A가 부족하기 때문에 그렇다는 것을 알게 되었습니다.

비타민 A는 파파야, 망고 같은 과일이나 당근, 시금치 같은 야채, 우유, 달걀 등에 많이 들어 있는데, 에티오피아의 어린이들은 너무나 가난해서 그런 것들을 먹지 못한 겁니다.

실제로 조사를 해 보니, 에티오피아 전역에서 65퍼센트의 어린이가 비타민 A 결핍증을 앓고 있으며, 5세 미만 어린이 중 500만 명, 전체 인구 중 3,000만 명이 비타민 A 결핍증을 앓고 있다는 사실을 밝혀 냈답니다.

에티오피아 어린이들의 심각한 비타민 A 부족을 알게 된 유니세프는 단순히 식량만 도와서 이 문제를 해결할 수 없다고 느꼈습니다. 그래서 에티오피아 정부와 함께, 1997년 12월부터 전국의 5세 미만 어린이들에게 비타민 A 캡슐을 제공하기로 했습니다. 마법의 캡슐이라고 불리는 비타민 A 캡슐은 6개월에 한 번씩 전국적인 캠페인을 통해 제공되었죠.

"여러분, 어린이를 데리고 임시 진료소로 오세요. 아이들의 실명을 막아 줄 약을 나누어 드립니다."

처음에 에티오피아 사람들은 어리둥절했답니다. 이 작은 약이 아이들의 실명을 막는다고 했으니까요.

"이 약을 먹는다고 앞을 못 보는 아이들이 다시 볼 수 있겠어. 터무니없군."

"그래도 모르니 아이들에게 먹여 보세. 밑져야 본전 아닌가."

"하긴 그렇지."

그런데 놀라운 일이 벌어졌습니다. 마법의 캡슐을 먹은 뒤로 아이들의 실명이 눈에 띄게 줄어든 것입니다. 많은 에티오피아 사람들이 마법의 캡슐을 나누어 주는 유니세프의 임시 진료소에 몰려들기 시작했답니다. 이 사업으로 인해 1998년 5월에, 5세 미만 어린이 중 74퍼센트에 해당하는 500만 명이 비타민 A를 섭취할 수 있었고, 같은 해 12월에 약 600만 명이 마법의 캡슐을 받았답니다. 이로 인해 비타민 A 결핍으로 실명하게 되는 사례가 거의 사라졌다고 하니, 정말 마법의 캡슐이라고 할 만하지요?

 ## 가난 때문에 못 먹는 아이들이 있어요

　가난 때문에 제대로 먹지 못하는 아이들이 전세계에 아주 많답니다. 심지어 먹지 못해 굶어죽는 경우도 있어요. 정말 불행한 일이 아닐 수 없습니다. 어린이는 올바로 자라기 위해 충분히 먹고 보호받을 권리가 있고, 부모와 사회는 이를 지켜 주어야 할 의무가 있습니다. 만일 부모와 사회가 이를 책임지지 못한다면 다른 나라라도 어린이 인권을 위해 빈곤 국가의 어린이들을 보호해야 하지요. 그래서 유니세프 같은 국제적 기구가 있는 거랍니다.

 ## 유니세프는 어떤 곳인가요?

유니세프는 국제 연합에서 창설한 기구로, 우리말로 하면 '국제 연합 아동 기금'을 뜻합니다. 유니세프는 1946년에 어린이를 돕는 국제 연합의 기구로 설립되었습니다. 전세계 개발 도상국에서 어린이를 위해 영양, 보건, 식수 공급, 위생, 기초 교육, 긴급 구호, 특별히 어려운 처지의 어린이 보호 같은 사업을 펼쳐 왔지요.

유니세프의 설립 정신은 '차별 없는 구호'입니다. 국적, 인종, 이념, 종교, 성별 같은 것에 관계 없이, 어려움에 처한 어린이에게 도움을 준다는 뜻이지요.

유니세프는 각 나라의 기금과 개인의 기부금으로 운영되며 미국 뉴욕 시에 본부가 있습니다. 1965년, 유니세프는 국가 간의 우호를 증진시킨 공로를 인정받아 노벨 평화상을 받기도 했지요.

해마다 천만 명의 아이들이 굶어죽고 있어요

1987년, 세계 보건 기구는 전세계의 식량이 전세계 사람들을 배불리 먹이고도 남을 정도지만, 해마다 천만 명의 어린이들이 영양 실조로 사망하고 있다고 보고했습니다. 게다가 약 700만 명의 어른도 심각한 영양 부족 상태였죠.

이것은 가난한 나라와 부자 나라 사이의 빈부의 격차에서 비롯합니다. 가장 부유한 나라 40개국과 가장 가난한 나라 40개국을 비교해 보았을 때, 가난한 나라의 재화가 부유한 나라가 가진 재화의 5퍼센트에 지나지 않는다는 것이지요.

다시 말해 가난한 나라 40개국의 국민들이 빵 1개를 가지고 있을 때, 부유한 나라 40개국의 국민들은 빵 20개를 가지고 있는 것과 마찬가지이지요. 재화가 한쪽으로 너무 치우쳐 있어서, 가난한 나라의 어린이들이 먹지 못해 굶어죽어 가고 있는 것이랍니다. 이런 문제를 해결하기 위해 유니세프를 비롯한 각 단체가 가난한 나라의 사람들을 구하기 위해 노력하고 있답니다.

 **어린이 노동의 금지**

어린이 노동 운동가, 이크발

1980년대 파키스탄에는 많은 카펫 공장이 있었습니다. 이 곳에서는 어린 아이들이 주로 일을 했죠. 임금이 어른보다 적기 때문이었습니다. 9살 난 이크발 마시도 다른 수십 명의 어린이들처럼 까펫을 짜는 아이였습니다. 부모의 빚을 갚기 위해 끌려 온 이크발은 4살 때부터 단 하루도 쉬지 못하고 카펫을 짜 왔지요.

그러던 어느 날, 이크발은 너무나 몸이 아팠습니다.

"사장님, 몸이 너무 아파요. 오늘 하루는 좀 쉬고 싶어요."

"뭐야? 너 게으름을 피우는 거지? 네 부모의 빚을 갚으려면 아직도 멀었어. 쓸데없는 짓 말고 어서 일이나 해."

사장은 이크발이 게으름을 피운다며 오히려 윽박질렀습니다. 결국 열이 40도 가까이 오르내리는데도 이크발은 열이 올라 덜덜 떨리는 손으로 다시 카펫을 짜야 했습니다.

"이크발, 괜찮니?"

같이 일하던 친구들은 이크발이 몹시 걱정됐습니다. 이크발은

카펫을 꼭 쥐고 중얼거렸습니다.

"몸이 너무 아파. 따뜻한 잠자리에서 푹 쉬고 싶어."

이크발의 말에 많은 아이들이 슬픈 표정을 지었습니다. 모두 맘껏 뛰어 놀고 학교도 다니고 싶었지만, 이런 현실 속에서는 엄두도 낼 수 없는 일이었으니까요. 그러나 이크발은 달랐습니다.

"우리 여기서 탈출하자. 이대로 있을 수는 없어!"

얼마 뒤, 이크발은 5년 동안 자신을 노예처럼 부려먹은 카펫 공장을 탈출했습니다. 그리고 세계 곳곳을 돌아다니며 파키스탄의 어린이 노동자들의 비참한 현실을 알렸습니다.

"여러분, 지금 이 순간에도 600만 명이 넘는 어린이들이 밥을 굶어 가며 하루에 10시간씩 고사리 손으로 카펫을 짜고 있습니다. 그렇게 일하고 받는 돈은 겨우 1루피(약 24원)죠. 피눈물을 흘리며 카펫을 짜고 있는 파키스탄의 어린이들을 도와 주세요."

전세계 사람들이 놀랐습니다. 보호받아야 할 어린아이가 노예처럼 끌려가 일하고 있을 거라고는 생각도 못했었기 때문이지요. 세계 곳곳에서 파키스탄 카펫을 사지 말자는 불매 운동이 벌어졌습니다. 파키스탄 정부에도 어린이의 노동을 금지하는 법을 만들 것을 강력하게 건의했습니다. 그 덕분에 파키스탄의 큰 카펫 공장 10여 곳이 문을 닫고, 수천 명의 아이들이 자유를 얻을 수 있었습니다. 하지만 카펫 공장 경영주들은 크게 분노했습니다.

"이크발 때문에 우리 공장이 망했어! 그 놈을 그냥 두지 말자!"

분노한 카펫 공장 경영주들은 갓 12살이 된 이크발에게 총을 겨눴고, 변호사가 되어 불우한 어린이를 돕고 싶다던 이크발은 어린 나이에 목숨을 잃고 말았습니다. 몇 년 뒤, 스웨덴 정부에서는 어린이 인권을 지키다 목숨을 잃은 이크발을 기려 '세계 어린이상'을 수여했답니다.

 ## 어린 노동자들이 있어요

오늘날 전세계에는 5세에서 14세 사이의 어린이 2억 5천만 명이 힘든 노동에 시달리고 있답니다. 이렇게 어린 아이들이 무슨 노동을 하느냐고요? 인도의 카펫 공장에서 어린이들은 하루 20시간 가까이 쪼그리고 앉아 카펫을 짭니다. 탄자니아에서는 어린이들이 살충제가 잔뜩 뿌려진 커피 밭에서 커피 열매를 따고, 콜롬비아의 어린이 광부들은 석탄 가루를 마시면서 지하 깊은 곳까지 내려가 석탄을 캡니다. 브라질의 어린이들은 사탕수수 농장에서 커다란 칼로 사탕수수를 자르는데, 자칫 실수하면 팔다리를 잃는 일이 많습니다. 왜 어린아이들이 노동을 해야 하는 걸까요? 이들 대부분은 집이 가난해서 일을 합니다. 부모의 빚 때문에 팔려 가거나 나쁜 어른들에게 납치된 아이들도 있답니다.

너무 어릴 때부터 심한 노동을 하게 되면 신체적, 정신적으로 제대로 성장할 수 없고, 제대로 교육 받을 기회도 얻지 못하게 됩니다. 어린이에게 과도한 노동을 시키는 것은 당장 어린이에게 고통을 주는 것은 물론, 그 아이의 미래를 빼앗는 짓입니다.

 ## 세계 어린이상은 어떤 상인가요?

　세계 어린이상은 스웨덴 적십자 등 8개 단체가 모여 만든 비영리 인권 단체 '어린이 세상'이 21세기를 맞아 새롭게 만든 상입니다. 어린이 노벨상으로도 불리지요. 어린이 노동 운동가 이크발이 첫 수상자입니다.

　이 상은 어린이들이 직접 자기 손으로 뽑는 상입니다. 세계 각국에서 선발된 15명의 어린이가 선정 위원이 되어, 전세계 각 나라 어린이들로부터 이메일과 팩시밀리 등으로 추천받아 수상자를 결정한답니다.

　또, 이 상의 선정 위원회는 어린 나이에 숨진 어린이를 명예 수상자로 결정하기도 합니다. 《안네의 일기》를 써서 나치의 잔학상을 세계에 알린 네덜란드의 안네 프랑크와, 1979년에 남아프리카 공화국 소웨토에서 인종 차별에 대항해 흑인들의 시위가 일어났을 때, 첫 번째로 희생된 14세짜리 소년 헥터 피터슨이 바로 그 수상자입니다.

부랑아의 아버지, 아스포우 예미루

　세계에서 가장 가난한 나라 중 하나인 에티오피아에서 태어난 아스포우 예미루는 아홉 살 때부터 부랑아였습니다.

　그는 함께 거리를 떠돌던 많은 아이들이 배우지도 못하고 굶주려 고통받는 것을 보고 이대로는 안 되겠다고 생각합니다. 그는 독학으로 글을 깨우치고 열네 살 때부터 같은 부랑아를 가르치는 선생님이 되었습니다. 햇볕을 가려 주는 커다란 떡갈나무 밑이 교실이었고, 흙바닥이 의자였죠.

　그로부터 45년, 예미루는 에티오피아의 수도 아디스아바바에 번듯한 학교 두 곳을 세웠고, 해마다 가난한 어린이 1만여 명을 이 곳에서 교육시켰습니다.

　스웨덴의 '어린이 인권을 위한 세계 어린이상 재단'은 '부랑아의 아버지'로 불리는 예미루를 제2회 세계 어린이상 수상자로 결정했습니다. '어린이 노벨상'으로 불리기도 하는 이 상은 어린이 인권 보호를 위해 묵묵히 일해 온 인물이나 단체에 주어지죠. 18일 스웨덴 그립숄름 궁에서 거행된 수상식에서 스웨덴의 실비아 여왕은 "가난한 어린이를 위해 평생 헌신해 온 예미루 선생님의 노력에 깊이 감사한다."며 그를 칭송했습니다.

 **전쟁에 나가지 않을 권리가 있어요**

전쟁터에서 죽어 간 어린 병사들

아프리카 대륙 중앙에 위치한 우간다에 열여섯 살 먹은 한 소녀가 있었습니다. 그녀는 군대에 지원하려는 참입니다. 열여섯 살짜리 소녀 군인이라니요? 다른 나라에서는 상상도 할 수 없는 일이지만 이 곳에서는 어린이도 군인이 될 수 있었답니다. 소녀는 군인이 되는 게 무서웠지만 굶어죽기는 더 싫었지요.

소녀의 부모님은 얼마 전 전쟁에서 목숨을 잃었습니다. 부모님을 대신해서 어린 동생들을 먹여 살려야 하는 소녀는 주변 친구들로부터 군대에 입대할 것을 권유받았던 것이죠.

"군대에 가면 죽을지도 모르지만, 그래도 일단 먹는 것은 해결할 수 있잖아. 한번 해 보는 게 어때? 나도 곧 입대할 생각이야."

"하지만 나 같은 어린 여자 애가 군대에서 할 일이 있겠어?"

"그래도 여자들은 잘 받아 준대."

"그래?"

친구의 권유로 입대 원서를 내고 군인이 된 소녀는 왜 군대에서

어린 여자 아이를 필요로 하는지 알게 되었습니다. 왜냐 하면 여자 아이들은 적군의 검문소를 통과하기 쉽기 때문이었죠. 어린 여자 애가 군인이라니, 누가 상상이나 하겠어요?

여자 아이들은 최전선에 투입되기도 하고, 후방에서 잔심부름을 하기도 했습니다. 남자 아이들은 땅에 묻어 둔 지뢰 폭탄을 찾는 일을 하거나, 심하면 자살 폭탄 공격을 명령받기도 했죠.

소녀는 시간이 지날수록 무서운 군대에 들어온 것을 후회하기 시작했습니다. 더욱이, 병영에서 달아나다 붙잡힌 소년병을 본 뒤로는 군대가 더욱 싫어졌습니다. 어른 군인들이 그 아이를 묶어 놓고 또래 소년병들에게 때려죽이라고 명령한 것입니다.

"어떻게 그 애를 때려죽일 수 있어요?"

이 소녀가 놀라 소리치자, 군인들은 이렇게 말했습니다.

"그 아이를 죽이지 않으면 너희들이 죽는다. 본보기를 보이기 위한 것이니, 저 아이가 적군이라고 여기고 때려라."

　군인들이 무섭게 윽박지르자, 거기에 견디다 못한 아이들은 울면서 동료 아이를 때리기 시작했습니다. 탈영병 아이는 고통에 몸부림치다 결국 죽고 말았지요. 군인들은 죽은 소년의 피를 아이들의 손에 직접 묻히라고까지 했습니다.

　소녀는 군대의 무서운 모습에 절망했습니다. 결국 소녀는 죽을 힘을 다해 군대를 탈출했습니다. 군대를 탈출하는 것이 쉬운 일은 아니었지만 군대에서 생활하느니 차라리 죽는 것이 마음 편하다고 생각했던 것이죠. 탈출에 성공한 소녀는 국제적인 인권 단체를 통해 군대에서 겪었던 비참한 상황을 세상에 알렸습니다.

 ## 전쟁터에 있는 소년병이 30만 명이라고요?

2000년에 세계적인 인권 단체인 엠네스티는, 전세계적으로 18세 미만의 소년병이 30만 명이 넘는다고 발표하여 전세계를 충격에 빠뜨렸습니다.

주로 아프가니스탄, 시에라리온, 우간다, 스리랑카 등 내전이 많은 나라에 소년병들이 많으며, 심지어 불과 7, 8살 난 아주 어린 아이들마저 군대에 끌려가고 있다는 것입니다.

아프가니스탄에서는 최대 10만여 명의 소년병이 징병된 적이 있으며, 미얀마는 5만 4,000여 명, 수단은 3만 2,000여 명, 콜롬비아는 1만 4,000여 명이 동원됐습니다. 특히 시에라리온에서는 반군의 80퍼센트가 소년병일 정도라고 합니다.

 **어린이가 군대에 들어가는 것은 금지되어 있습니다**

국제 연합에서는 아동의 권리에 관한 국제 조약을 통해 15세 미만인 어린아이는 군대에 들어가지 못하도록 약속했습니다. 그러나 12세 어린이를 15세 이상으로 꾸며 군대에 데려가기도 하고, 아예 군대에 들어갈 나이를 10세로 낮추어 놓은 나라도 있습니다. 그래서 유니세프를 비롯한 국제 인권 단체들은 어린이들이 군대에 들어갈 수 있는 나이를 18세로 높이기 위한 노력을 계속해 나가고 있습니다.

앰네스티를 비롯한 인권 단체 여섯 곳으로 구성된 '소년병 금지 연합'은 최근 전 세계 100여 개국 정부 대표와 전문가들이 참여한 회의에서 '소년병 징병에 반대하는 선언'을 채택했습니다. 또, 이들은 군수 업체들이 소년병 징병 국가에 무기를 공급하지 못하도록 각국 정부 차원에서 규제해 줄 것을 요구하기도 했지요.

국제 연합은 18세 미만 소년병을 금지합니다

2000년, 국제 연합은 청소년이 전쟁에 희생되지 않도록 18세 미만인 청소년의 징집 및 참전을 금지하기로 했습니다. 제네바에서 2주 동안 열린 국제 연합 산하 국제 회의에 참가한 70개국 대표단이 전쟁 징집 및 참전을 할 수 있는 연령을 18세로 끌어올린 것이지요. 또, 국가가 아닌 기구가 소년병을 모집하여 전쟁터로 내보내는 것도 금지하기로 했습니다.

그러나 다른 한편으로, 각국 정부가 직접적인 적대 행위에 내세우지 않는다는 전제 아래 16세 이상 청소년을 자원병으로 모집하는 것은 허용했답니다. 또, 1989년 체결된 '아동 인권 조약'에는 소년병 징집의 최소 연령을 15세로 규정하고 있지요.

 **세상에서 가장 추악한 범죄, 유괴**

엄마 아빠, 구해 주세요

　1927년 5월 20일, 미국 뉴욕에서 찰스 린드버그가 새로운 항공 역사에 도전하고 있었습니다. 뉴욕에서 파리까지 한 번도 쉬지 않고 비행하겠다는 것이지요. 이 일이 성공할 거라고는 그 당시 누구도 상상 못 했답니다. 그러나 린드버그는 자신이 직접 만든 비행기를 타고 대서양을 건너, 다음 날 파리에 도착하는 기적을 보여 주었습니다. 린드버그는 하룻밤 사이에 프랑스와 미국의 영웅이자, 전세계적으로 유명한 사람이 되었습니다.

　얼마 뒤, 그는 자신의 동료 앤 모로와 결혼을 하고, 함께 비행하면서 새로운 항로를 개척했습니다. 아내는 귀여운 아들을 낳았고, 린드버그는 행복하기 그지없었습니다.

　그런데 어느 추운 겨울날, 그의 두 살 난 아들이 유괴되었습니다. 린드버그 부부는 하늘이 무너지는 것만 같았습니다. 신문과 방송에서 유괴 사건을 크게 보도했고, 린드버그 부부는 언론을 통해 '아들을 돌려주기만 한다면 유괴범을 용서하겠다.'고 약속했습니다. 얼마 뒤 유괴범이 전화를 걸어 왔습니다.

"5만 달러를 주면 당신의 아이를 돌려주겠소."

경찰은 린드버그 부부에게 유괴범들이 돈만 챙길 테니, 돈을 주지 말라고 했습니다. 하지만 아들을 포기할 수 없었던 린드버그는 약속 장소에 돈을 갖다 놓았습니다. 그러나 유괴범은 돈만 가져가 버렸습니다. 며칠 뒤, 아이는 집 근처 강에서 싸늘한 시체로 발견되었죠.

린드버그 부부의 슬픔은 이루 말할 수 없었습니다. 린드버그는 분노에 떨며 경찰에게 당부했습니다.

"몇 년이 걸려도 좋으니 다시는 이런 일이 일어나지 않도록 범

인을 꼭 잡아 주시오."

린드버그가 유괴범에게 준 돈에는 범인을 추적할 수 있도록 비밀 표시가 되어 있었습니다. 그러나 2년이 지나도록 비밀 표시를 한 돈이 나타나지 않았습니다.

그러던 어느 날, 드디어 린드버그가 유괴범에게 준 돈이 한 가게에서 나왔습니다. 경찰은 끈질긴 추적 끝에 범인을 잡았습니다. 범인이 잡히자, 린드버그는 한걸음에 달려가 그를 다그쳤습니다.

"돈을 주었는데 왜 아무 죄 없는 내 아들을 죽인 거요?"

유괴범은 고개를 떨군 채 아무 말도 하지 않았습니다. 범인이 잡혔지만 아들을 잃은 슬픔을 이겨 낼 수 없었던 린드버그 부부는 미국을 떠나 유럽으로 갔습니다. 그러나 그 비참한 유괴 사건은 많은 사람들의 기억 속에 끔찍한 사건으로 오랫동안 남았답니다.

 **어린이 유괴는 세상에서 가장 잔인한 범죄!**

어린이 유괴는 가장 끔찍한 범죄입니다. 힘없고 어린 아이를 유괴하는 것은 물론이고, 그 부모까지도 고통받는다는 점에서 더욱 그렇습니다. 부모가 자식을 사랑하는 마음을 약점으로 잡고 돈을 요구하는 짓은, 사람으로서는 할 수 없는 가장 비열한 짓이지요. 그래서 어린이를 유괴한 자는 10년 이하, 유괴하고 살해까지 한 경우에는 대부분 사형이나 무기 징역을 선고받게 됩니다. 어린이 유괴는 정말 없어져야 할 범죄지만, 종종 일어나는 범죄여서 온 국민을 불안하게 만들고 있답니다.

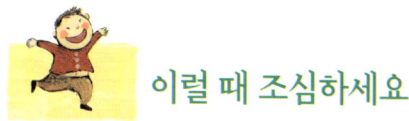 **이럴 때 조심하세요**

어린이 유괴는 없어져야 할 범죄이지만, 실제로 계속 일어나고 있는 이상, 여러분도 유괴당하지 않도록 조심해야 합니다. 유괴를 막는 방법에 무엇이 있을까요?

우선 잘 모르는 사람이 돈, 과자, 음료수 등을 주면 받지 말아야 합니다. 모르는 사람이 길을 물으면 알려만 주고 따라가지 않도록 합니다. 저녁 늦게까지 놀지 말고, 귀가 시간을 잘 지키는 것도 중요합니다. 외출할 때에는 어디에 가는지 알리고, 유치원이나 학교에 갈 때에는 친구들과 함께 여럿이 안전한 큰길로 다니도록 합니다. 혼자서 놀지 않도록 하고, 낯선 사람이 태워 주는 자동차에는 타지 마세요. 만일 모르는 사람이 어디로 가자고 억지로 끌고 가면 큰 소리를 질러 주위에 도움을 요청해야 합니다.

선생님이 유괴범?

　우리 나라에도 유괴 사건이 종종 일어나고 있습니다. 특히 1980년에 일어난 이윤상 군 유괴 살해 사건은 학생을 보호해야 할 선생이 범인이었다는 점에서 더 큰 충격을 주었지요.

　1980년 11월 13일, 누나가 시킨 심부름을 갔던 14세의 중학생 소년 이윤상 군이 유괴범에 의해 납치되는 사건이 일어났습니다. 유괴범은 62회에 걸쳐 이윤상 군의 집에 협박 편지와 전화를 걸어 4,000만 원을 요구했습니다.

　이 군의 부모가 유괴범에게 돈을 건네기 위해 범인과 약속한 장소에 나갔지만 범인은 번번이 나타나지 않았죠. 경찰은 처음에는 비밀 수사를 통해 범인을 잡으려 했지만, 성과가 없자 공개 수사로 방침을 정하고 언론에 사건의 전모를 발표했습니다. 사건의 실마리는 쉽게 잡히지 않다가 사건 발생 1년 만인 1981년 11월 30일에 이 군이 다니던 중학교의 체육 교사 주영형이 범인인 것으로 밝혀졌습니다.

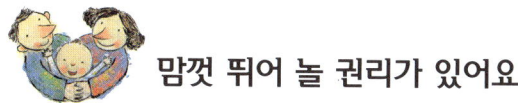 **맘껏 뛰어 놀 권리가 있어요**

말괄량이가 사랑스러워요!

스웨덴 스모랜드 지방의 빔멜비라는 작은 마을에 아스트리드 린드그렌이라는 주부가 살고 있었습니다. 린드그렌은 어렸을 때부터 아주 말썽꾸러기였죠. 여자 아이는 머리를 길게 길러야 하는 마을 풍습이 싫어 짧게 자르거나, 결혼도 하지 않고 아이를 낳아 마을 사람들의 비난을 사기도 했답니다.

린드그렌 혼자 딸을 키운다는 게 이만저만 어려운 일이 아니었지만 그녀는 꿋꿋하게 생활해 나갔습니다. 어느 날, 딸 카린이 그만 폐렴을 앓게 되었습니다. 아이를 간호하면서 린드그렌은 어린 딸에게 엉뚱한 소녀의 이야기를 들려 주며 재미있게 해 주려고 노력했습니다.

"머리가 빨갛고 얼굴에 주근깨가 많은 장난꾸러기 소녀가 있었단다. 언제나 좌우 색깔이 다른 롱스타킹을 신고 있었지. 힘이 세어 도둑놈을 집어던지는가 하면, 말을 번쩍 들어올리기도 했어. 이 아이는 학교에도 가지 않고 혼자서 멋대로 살았단다."

어린 딸은 아픈 것도 잊고 어머니가 들려 주는 이야기를 들었답니다. 카린은 몸이 낫자, 린드그렌에게 그 여자 아이에 대해 깊은 호기심을 나타냈습니다. '삐삐'라고 이름도 지어 주었지요. 린드그렌은 어린 딸에게 생일 선물로 삐삐 이야기를 써서 주었습니다. 그리고 문득 다른 아이들에게도 삐삐 이야기를 들려 주고 싶은 마음이 들었습니다. 그녀는 삐삐 이야기를 출판사에 보냈습니다. 한 출판사에서 연락이 와서 린드그렌은 출판사의 편집 담당자를 만나게 되었습니다.

"보내 주신 동화는 잘 읽었습니다. 하지만 책으로 내는 데는 문제가 있군요."

"제가 쓴 글에 어떤 문제가 있나요?"

"글은 아주 훌륭합니다. 그러나 문제는 글의 내용입니다. 항상 말썽만 피우는 아이의 이야기라서, 교육상 좋지 않다고 봅니다."

린드그렌은 편집자의 생각이 옳지 않다고 생각했습니다. 주인공 아이가 말썽꾸러기라 출판을 할 수 없다니! 그래서 다른 출판사에 삐삐 이야기를 보냈고 우여곡절 끝에 삐삐 이야기는 동화책으로 나오게 되었습니다. 이렇게 출판된 《말괄량이 삐삐》는 나오자마자 어린이들 사이에서 폭발적인 인기를 얻었습니다. 《말괄량이 삐삐》 원고를 되돌려보낸 출판사는 비웃음을 샀죠.

그녀는 그 뒤로도 훌륭한 동화를 써서 1958년에 《라스무스와 방랑자》로 아동 문학의 노벨상이라고 할 수 있는 '국제 안데르센상'을 받았답니다. 그리고 다른 동화 문학상도 받았지요. 한 동화상 수상식에서 린드그렌은 이렇게 말했습니다.

"어른들에게 설교를 하려고 소설을 쓰는 소설가는 없지요. 동화도 마찬가지랍니다. 나는 어린이에게 설교를 하려고 동화를 쓴 것이 아닙니다. 단지 아이들이 재미있어하고, 예술적인 감동을 받게 하려고 썼지요. 내 책을 읽고 행복을 맛보는 아이가 단 한 명이라도 있다면 내 인생은 성공한 것이라고 할 수 있을 겁니다."

 ## 어린이도 어른처럼 문화 공간이 필요해요

어린이도 어른과 마찬가지로 생각하고 느끼고 표현할 문화 공간이 필요합니다. 특히 어린 시절의 경험이 평생을 좌우하는 중요한 역할을 하는 만큼, 어린 시절에 좋은 문화 체험을 하는 것은 아주 중요한 일이지요. 그래서 어린이를 위해 여러 가지 사회 시설과 오락거리를 만들어 내고 있지요. 어린이를 위한 동화, 만화, 애니메이션 영화, 동요 등이 그래서 만들어지고 있는 거예요. 어린이가 신나게 뛰어 놀 수 있는 놀이 공원도 마찬가지이고요.

 ## '국제 안데르센상'은 어떤 상인가인요?

국제 안데르센상은 2년마다 시상되는 국제적인 아동 문학상입니다. 국제 아동 도서 협회에서 1956년에 첫 번째로 수여한 이래, 2년마다 각 나라에서 발표된 우수한 작품을 심사하여 그 중 최우수작 1점을 뽑아 상을 주고 있답니다.

심사와 시상은 각 나라에서 추천한 도서를 대상으로 이루어집니다. 국제 아동 도서 협회는 1960년부터 '국제 안데르센 그림책 대상'도 함께 운영하고 있죠. 《말괄량이 삐삐》로 유명한 린드그렌 같은 유명한 동화 작가가 이 국제 안데르센상의 수상자랍니다.

동화의 아버지, 안데르센

'동화의 아버지'로 불리는 안데르센은 아마 여러분도 잘 아는 사람일 겁니다. 덴마크가 낳은 세계적인 동화 작가이니까요. 동화는 물론이고, 희곡, 소설, 시, 여행기, 자서전도 남겼지요. 하지만 가장 유명한 것은 동화입니다.

안데르센은 대학 시절부터 작가의 꿈을 키워, 1833년에 이탈리아 여행의 인상과 체험을 바탕으로 쓴 《즉흥시인》(1835년)으로 독일에서 호평을 받으면서 유럽에 알려졌습니다. 같은 해에 내놓은 최초의 동화집은 그로 하여금 동화 작가의 길을 걷게 만들었답니다. 그가 1870년경까지 쓴 동화는 모두 130편에 달합니다. 안데르센 동화는 서정적인 정서와 아름다운 환상의 세계, 따스한 인간애를 담고 있지요.

안데르센은 《인어 공주》, 《미운 오리새끼》, 《벌거숭이 임금님》 같은 수많은 걸작 동화를 남겼습니다.

 **학대받지 않을 권리가 있어요**

동화 속에 숨은 슬픈 사연

조선 시대 세종 대왕 시절, 평안도 철산군의 한 연못에 자매의 시체가 발견되는 사건이 있었습니다. 죽은 아이들은 배무룡이라는 사람의 딸들인 장화와 홍련이었습니다.

배무룡은 아내가 장화와 홍련을 낳고 얼마 안 되어 죽자 허씨라는 사람을 다시 아내로 맞이했습니다. 처음에 허씨는 장학와 홍련을 아주 극진히 돌보았지요.

"날 친어미로 생각하려무나."

그러나 세월이 흐를수록 허씨는 장화와 홍련을 딸로 여기기는커녕 하인 대하듯 부려먹기 시작했습니다. 집안 형편이 어려웠던 것도 아닌데, 장화와 홍련은 누더기 옷을 입고 하인 마냥 일을 해야 했습니다. 아버지 배무룡이 1여 년 동안 병석에 누워 있을 때는 괴롭힘이 더욱 심해졌죠. 심지어 제대로 일을 못 했다며 밥을 굶기기도 했습니다. 허씨는 아이들이 먹는 것, 입는 것 그 모든 것을 아까워했고, 아이들이 조금이라도 실수를 하면 때리기 일쑤였답니다. 그러나 허씨는 남편 배무룡에게 아이들을 보여 줄 때는 좋은 옷을 입혔고, 아이들을 정말 사랑하는 것처럼 행동했죠. 그러니 배무룡은 아이들이 새어머니의 극진한 보살핌 속에서 잘 자라고 있는 줄만 알았답니다. 그렇게 세월이 흘러, 장화와 홍련은 새어머니의 학대 속에서도 잘 자라 시집 갈 나이가 되었습니다.

"장화와 홍련도 어느 새 시집을 보낼 때가 되었구려."

"제가 장화와 홍련을 키운 지도 벌써 십수 년이 되었군요. 이제 좋은 신랑을 찾아 짝을 지어 주어야지요."

허씨는 겉으로는 웃으며 말했지만, 장화와 홍련이 시집 갈 때 들 돈이 아까웠습니다. 결국 허씨는 두 딸을 없애기로 결심했습니다.

'이 재산이 모두 내 건데, 왜 내가 낳지도 않은 애들을 위해 써야 해?'

어느 날 아침, 허씨의 다급한 목소리가 온 집안에 쩌렁쩌렁 울렸습니다.

"아이고 여보, 글쎄 장화가 애를 낳았지 뭐예요!"

"뭐라고? 그게 무슨 소리야?"

배무룡은 착하고 얌전한 장화가 그럴 리가 없다고 생각했습니다. 배무룡은 장화를 찾았습니다. 그러자 허씨는 "그 애가 아버지를 볼 낯이 없다고 해서 제가 외갓집에 며칠 가 있으라고 했어요." 하고 말했습니다.

얼마 뒤, 홍련에게도 똑같은 일이 벌어졌습니다. 배무룡은 갑자

기 똑같은 일이 두 번이나 일어나자 아이들을 잘못 키웠다며 스스로를 책망했습니다. 그러나 이 모든 일은 허씨가 꾸민 일이었답니다. 허씨는 큰 쥐를 잡아 껍질을 벗겨 장화와 홍련의 이불 속에 던져 넣고 애를 낳았다는 둥 연극을 한 것이지요. 그리고 외갓집에 가 있으라고 아이들을 쫓아 낸 뒤, 연못에 빠뜨려 죽인 겁니다.

마을 원님은 허씨의 말만 믿고 장화와 홍련이 애를 배고 부끄러워 자살을 한 것으로 이 사건을 마무리지었답니다. 그러나 나중에 새로 부임한 원님은 이 사건이 뭔가 석연치 않아 다시 조사를 하게 되었고, 결국 허씨가 꾸민 일이라는 사실이 밝혀졌습니다. 허씨는 터무니없는 일이라며 발뺌을 했지만, 원님의 추궁 끝에 모든 죄를 시인하고 죗값을 치르게 되었답니다.

 **어린이를 때려서는 안 돼요**

어른과 아이를 불문하고 사람을 함부로 때려서는 안 됩니다. 그런데 특히 힘없고 약하기 이를 데 없는 어린이를 때린다는 것은 더욱 말이 안 되는 일이지요.

어린 자녀는 자신의 생명과 생활을 부모에게 의지하며, 부모가 사는 생활을 보고 들으면서 삶의 지식과 지혜를 배웁니다. 그런데 어린이를 보호해야 할 부모가 아이들을 때려서 신체적으로나 정신적으로 고통받는다면 이보다 큰 비극이 없겠지요.

 ## 무엇이 아동 학대인가요?

아동 학대는 부모나 조부모처럼 직접 길러 주는 양육자 및 손윗사람, 아이들 주변의 성인이 아이들에게 정신적으로나 육체적으로 피해를 주는 행위를 말합니다. 아이들이 건강하고 올바르게 자랄 수 없도록 지나친 체벌을 주거나 괴롭히는 것 등이 모두 아동 학대입니다.

2000년에 전국 아동 학대 예방 센터에 접수된 신고 내용을 볼까요? 전체 아동 학대 사건 2,024건 중 무책임하게 아이를 돌보지 않는 '방임'이 828건(40.9%)으로 가장 많았고, '신체적 학대'가 812건(40.1%), '정서적 학대'가 173건(8.5%), '성적 학대'가 103건(5.1%) 등이었답니다. 이런 학대는 장수별로 가정이 1,633건(80.7%), 학교가 46건(2.3%), 친척집이 24건(1.2%), 이웃집이 15건(0.7%) 등으로 나타났습니다.

아동 학대를 받고 있다면 도움을 청하세요

어린이는 폭력과 학대로부터 보호받아야 할 권리가 있답니다. 그렇지만 여러 가지 이유로 보호받을 수 없다면, 주위에 도움을 청하세요. 그러면 여러분의 친구가 되고 힘이 되어 줄 곳이 '짠!' 하고 나타날 거예요. 다음은 어린이 여러분이 어려움에 처하게 되었을 때 도움을 청할 수 있는 전국의 어린이 상담소의 전화 번호입니다. 도움이 필요하면 전화하세요. 알겠죠?

어린이 학대 신고 전화 번호/ 전국 국번 없이 1391

서울
100-170   서울 중구 무교동 95 어린이재단 빌딩 11층 어린이재단 1588-1940
150-055   서울 영등포구 신길5동 440-56호 영등포종합복지관 02)845-5331
138-121   서울 송파구 마천1동 323-197호 마천종합사회복지관 02)449-3141
136-134   서울 성북구 정릉동 408호 월곡종합사회복지관 02)911-5511

부산
601-030   부산 동구 수정동 1169-3 부산종합사회복지관 051)465-0990
601-066   부산 동구 범일6동 1542-1호 동구종합사회복지관 051)633-3367

대구
701-240   대구 동구 서호동 89-1번지 대구종합사회복지관 053)964-3335

인천
406-112   인천 연수구 연수2동 582-2 연수종합사회복지관 032)811-8012~4

광주
500-130   광주 북구 오치동 912-1 광주종합사회복지관 062)264-4370

대전
306-030 대전 대덕구 비래동 116-7 대전종합사회복지관 042)627-2957

경기
423-063 경기도 광명시 하안3동 200 하안주공 1303동 하안종합사회복지관 02)894-0720
420-020 경기도 부천시 원미구 중동 1028호 한라종합사회복지관 032)324-0723~4

강원
463-070 강원도 춘천시 후평3동 주공석사 3지구 내 춘천종합사회복지관 033)242-0051

충북
360-090 충북 청주시 흥덕구 제1순환로 989 청주종합사회복지관 043)266-4761

충남
330-170 충남 천안시 성정동 787 천안성정종합사회복지관 041)578-5173

전북
560-130 전북 전주시 완산구 서서학동 986-5 전북종합사회복지관 063)282-7230

전남
520-090 전남 나주시 죽림동 88 나주종합사회복지관 061)332-8992

경북
790-140 경북 포항시 남구 대도동 632-11 포항종합사회복지관 054)282-0100

경남
641-465 경남 진주시 평거동 392 진주평거종합사회복지관 055)746-5481
682-090 울산 동구 화정동 862-2 화정종합사회복지관 052)236-3139

제주
690-029 제주도 제주시 도남동 68-7 제주종합사회복지관 064)702-7788

불보다 생명보다 귀한 선물

펴낸날 | 2002년 7월 30일 초판 1쇄
       2013년 9월 20일 초판 14쇄

지은이 | 장수하늘소
그린이 | 강은경

펴낸이 | 김영진
본부장 | 조은희
편 집 | 위귀영, 조진희, 김희선, 강경화, 한아름
디자인 | 손현미, 김소라

펴낸곳 | (주)미래엔
등 록 | 1950년 11월 1일 제 16-67호
주 소 | 서울시 서초구 잠원동 41-10
영 업 | 3475-3843~4 편집 | 3475-3943 팩스 | 541-8249
홈페이지 주소 | http://www.i-seum.com

ⓒ 장수하늘소 2002

ISBN 978-89-378-1213-2 73300
ISBN 978-89-378-1042-8 (세트)

* 파본은 구입처에 교환해 드리며, 관련 법령에 따라 환불해 드립니다.
  다만, 제품 훼손시 환불이 불가능합니다.